L'exception tunisienne

Comment l'État antique et l'unité nationale ont façonné la nation la plus cohésive du monde arabe

GEW Sciences sociales, Préface du Dr Hichem Karoui

Collection : Les carnets de la Méditerranée.

Copyright © 2025 par GEW Sciences sociales

Préface par le Dr Hichem Karoui

Collection : Les Carnets de la Méditerranée

Global East-West LTD

Tous droits réservés.

Aucune partie de cet ouvrage ne peut être reproduite sous quelque forme que ce soit sans l'autorisation écrite de l'éditeur ou de l'auteur, sauf dans les cas autorisés par la loi sur les droits d'auteur.

Table

Préface : Le débat de la Fondation Carthage   1
Entre légende et nouvelles preuves génétiques

1. Les fondations carthaginoises   21
   Ancien État et continuité institutionnelle (IXe siècle av. J.-C. – 146 av. J.-C.)

2. De Rome à l'islam   33
   Stratification institutionnelle et synthèse culturelle (146 av. J.-C. – XVIe siècle apr. J.-C.)

3. Autonomie ottomane et État précolonial   53
   (1574-1881)

4. Rencontre coloniale et éveil national   73
   (1881-1956)

5. Construire l'identité nationale   91
   Éducation, mémoire et conscience civique

6. The Demography of Cohesion: Minorities, Integration, and Political Insignificance   111
   Minorités, intégration et insignifiance politique

7. Migration et capacité de l'État   133
   Gérer les flux contemporains

8. Divisions idéologiques au sein de l'unité nationale 155
   Islamistes, laïcs et transition démocratique
9. Comparaisons régionales 175
   Pourquoi la Tunisie se distingue
10. L'avenir de l'exception tunisienne 197
    Défis contemporains et résilience institutionnelle

Préface : Le débat de la Fondation Carthage
Entre légende et nouvelles preuves génétiques

Par le Dr Hichem Karoui

Le récit traditionnel concernant la fondation de Carthage se concentre sur Didon (parfois appelée Elissa), la princesse phénicienne qui aurait fui Tyr en 814 avant J.-C. et construit la « nouvelle ville » (Qart Hadašt) le long de la côte nord-africaine de la Tunisie. Cependant, des recherches génétiques révolutionnaires publiées en 2025 ont fondamentalement remis en question cette histoire, démontrant que la population de Carthage avait très peu de liens génétiques avec les Phéniciens qui auraient fondé la ville. Cette découverte a suscité de nombreux débats scientifiques sur les véritables origines de la ville et le fondement historique de la légende de Didon.

L'histoire de l'ancienne fondation

Les textes classiques, en particulier ceux des auteurs grecs et romains, présentent un récit assez clair de la création du monde. Selon la description de Justin de Pompée Trogue, Didon s'enfuit de Tyr après que son frère Pygmalion eut tué son mari Sychaeus pour s'emparer de sa fortune. Lorsqu'elle se rendit sur la côte nord-africaine, elle utilisa la célèbre « ruse de la peau de bœuf ».[1] Elle négocia autant de terres que pouvait en couvrir une peau de bœuf, puis la découpa en petites bandes afin d'obtenir une superficie beaucoup plus grande et de construire la forteresse de Byrsa.[2]

La date traditionnelle de fondation, 814-813 avant notre ère, provient de l'historien grec Timée de Tauroménium (vers 345-250 avant notre ère), dont la chronologie a été à la fois validée et contestée par les chercheurs. Les preuves archéologiques présentent une image plus complexe[3]: les premiers niveaux résidentiels de Carthage ont été datés d'environ 760 avant notre ère, sur la base de poteries géométriques grecques comme point de référence. Néanmoins, l'analyse au radiocarbone des restes fauniques provenant des fouilles menées par l'université de Gand suggère des dates situées à la fin du IXe siècle avant notre ère. Cela place les découvertes archéologiques à proximité de la date littéraire conventionnelle ; cependant, cela continue de susciter des interrogations quant à l'authenticité de la date de 814 avant notre ère en tant que fait historique ou calcul postérieur à l'événement.[4]

L'exactitude historique de Didon : points de vue académiques

Les avis divergent encore quant à savoir si Didon a réellement existé. Les premiers ouvrages la mentionnant ont été publiés plusieurs siècles après la fondation de Carthage. Le plus ancien est Timée, qui vécut environ 500 ans après 814 avant J.-C. Virgile rédigea la version la plus célèbre de l'histoire dans l'Énéide (vers 31-19 avant J.-C.), où il fit de Didon la contemporaine d'Énée et dépeignit une histoire d'amour tragique qui se déroula plus de trois cents ans avant la construction de Carthage.[5]

Le discours scientifique contemporain concernant Didon est très fragmenté. Josephine Quinn, de l'université d'Oxford, a démontré de manière convaincante que l'histoire de Didon, diffusée par des sources grecques et romaines, est principalement un mythe fondateur carthaginois que la ville racontait sur elle-même, et non pas seulement une propagande grecque ou romaine. Quinn souligne que les éléments essentiels du récit, en particulier le rejet par Didon du monarque libyen local, Iarbas, et son immolation par le feu qui s'ensuivit, correspondent au contexte plus large de la diplomatie et de l'autoreprésentation carthaginoises. De nombreux chercheurs, de Moscati dans les années 1970 à Quinn,[6] ont soutenu que des preuves historiques suffisantes corroborent l'existence de Didon, tout en reconnaissant les embellissements mythologiques.

Plusieurs chercheurs, en revanche, considèrent Didon comme un personnage entièrement fictif, à l'instar de Romulus et Remus dans l'histoire carthaginoise. De nombreux historiens estiment que cette histoire n'a aucune validité historique, car tous les anciens documents ont été rédigés longtemps après la fondation de Carthage et que l'histoire comporte de nombreux aspects fictifs.[7]

La révolution génétique de 2025 : Carthage sans les Phéniciens

Nature a publié une étude approfondie sur l'ADN ancien en avril 2025. Callaway, Ewen. « L'ADN ancien révèle l'ascendance génétique surprenante des Phéniciens ».[8] Il s'agissait là de la plus grande menace pour la narration traditionnelle. Un groupe de chercheurs du monde entier, dirigé par le professeur David Reich de l'université Harvard, le Dr Harald Ringbauer de l'Institut Max Planck d'anthropologie évolutionnaire et le professeur Ilan Gronau de l'université Reichman, a examiné 210 génomes provenant de personnes enterrées dans 14 sites archéologiques phéniciens et puniques à travers la Méditerranée, y compris à Carthage même.[9]

Les résultats ont été surprenants : pendant la période où Carthage a joué un rôle important (du VIe au IIe siècle avant notre ère), ses habitants avaient des liens génétiques négligeables avec les Phéniciens du Levant. L'étude a en revanche révélé que la plupart des personnes qui vivaient à Carthage étaient apparentées à des personnes génétiquement similaires aux anciens Grecs et Siciliens. Il y avait également un groupe plus petit mais en pleine expansion issu de groupes nord-africains. Le Dr Ringbauer a observé : « La plupart des personnes qui appartenaient à la culture phénicienne n'avaient pas d'ascendance levantine. » Ce fut une grande surprise et tout à fait inattendu.[10]

Les études ADN ont montré que les groupes « puniques » étaient très différents les uns des autres. La plupart de la population de Carthage, qui était censée être le centre de la civilisation phénicienne occidentale, avait des profils génétiques européens (grecs/égéens et siciliens) plutôt que sémitiques. La contribution génétique nord-africaine était présente et s'est accrue au fil du temps, à mesure que la puissance politique de Carthage grandissait, mais elle restait minoritaire parmi la population des villes carthaginoises.[11]

L'étude a mis en évidence une diversité génétique et une migration remarquables à travers le domaine punique. Les chercheurs ont observé l'inhumation de parents éloignés dans différentes parties de l'empire. Par exemple, ils ont trouvé deux personnes qui étaient des cousins au deuxième ou troisième degré. L'une venait de Kerkouane en Tunisie, et l'autre de Birgi en Sicile. Les chercheurs ont qualifié cette tendance d'« autoroute méditerranéenne » du commerce maritime, ce qui suggère que les gens l'empruntaient régulièrement.[12]

Trois récits concurrents pour comprendre les preuves génétiques

Les découvertes génétiques de 2025 ont donné lieu à trois façons différentes de les interpréter, chacune ayant des répercussions importantes sur notre compréhension de l'origine de Carthage :

1. L'interprétation de la « franchise culturelle »

La perspective scientifique prédominante, avancée par les auteurs de l'étude, affirme que Carthage incarnait la première civilisation cosmopolite sur le plan biologique, une « franchise » culturelle et théologique diffusée par les Phéniciens à des nations sans affiliation génétique. Cette hypothèse indique qu'un petit groupe de colons phéniciens venus de Tyr a fondé des centres commerciaux tels que Carthage, mais qu'ils ont rapidement été dépassés en nombre par les populations locales et d'autres peuples méditerranéens, notamment ceux de Sicile et de Grèce. [13]

Cette interprétation souligne que les colonies phéniciennes étaient principalement des comptoirs commerciaux, où seuls quelques Phéniciens vivaient. De nombreux Phéniciens se sont mariés avec des personnes qui résidaient déjà dans ces régions. La suprématie culturelle des Phéniciens, illustrée par leur langue, leur alphabet et leurs activités religieuses centrées sur Baal Hammon et Tanit, n'était pas synonyme de prééminence démographique. L'identité culturelle était bien plus forte que l'ascendance génétique. Les

Carthaginois ont conservé des liens culturels forts avec leurs ancêtres levantins, même s'ils avaient en réalité très peu d'ADN levantin.[14]

Le professeur Reich a souligné que cette méthode était très différente de celle utilisée par les Grecs pour coloniser la région à la même époque. Les Grecs qui ont combattu les Carthaginois en Méditerranée « ne se sont pas beaucoup mélangés aux populations locales dans les colonies qu'ils ont fondées ». Le modèle phénicien était tout à fait unique. Il était plus ouvert, plus cosmopolite et présentait une plus grande diversité génétique.[15]

2. La thèse de la fondation indigène

Certains chercheurs et militants culturels amazighs (berbères) soutiennent une opinion plus extrême : les données génétiques montrent que Carthage n'était pas du tout une colonie phénicienne, mais plutôt une communauté indigène nord-africaine qui a absorbé la civilisation phénicienne. Ce point de vue, promu par Amazigh World News et d'autres médias apparentés, affirme que Carthage et d'autres villes désignées comme « colonies phéniciennes » étaient en réalité des colonies autochtones, principalement d'origine amazighe, numide et libyenne, où les commerçants phéniciens ne représentaient qu'un faible pourcentage.[16]

Cette interprétation correspond aux nombreuses activités politiques et culturelles amazighes qui visent à contester les récits coloniaux perçus comme ayant effacé la présence et l'action autochtones en Afrique du Nord. Les partisans affirment qu'ils défendent ce point de vue depuis plus de 35 ans, et que l'ADN a désormais prouvé ce que des études historiques rigoureuses suggéraient depuis longtemps : Carthage était avant tout une ville nord-africaine située dans le monde amazigh et numide.[17]

Cependant, cette interprétation pose de nombreux problèmes. Les données génétiques indiquent que l'ascendance nord-africaine à Carthage et dans d'autres sites puniques, bien que présente, représentait une composante minoritaire ; le profil génétique prédominant était sicilien et grec/égéen, plutôt qu'autochtone nord-africain. De plus, les preuves archéologiques indiquent l'absence d'habitation pré-phénicienne sur le site de Carthage lui-même. Les fouilles menées à Bir Massouda et sur d'autres sites n'ont révélé aucune trace d'habitation antérieure à l'arrivée des Phéniciens à la fin du IXe ou au début du VIIIe siècle avant notre ère.[18]

3. La critique de la méthodologie

Une troisième position, défendue par certains généticiens et historiens, reconnaît les résultats de l'étude mais souligne d'importantes limites méthodologiques qui entravent l'interprétation. Voici quelques points importants : [19]

Lacunes temporelles : l'étude manque de preuves génétiques pour la période allant de 900 à 600 avant notre ère, qui correspond aux siècles essentiels de la fondation de Carthage, car les Phéniciens pratiquaient la crémation avant le VIe siècle avant notre ère, ce qui rend les os incinérés incapables de fournir de l'ADN. Tous les échantillons étudiés datent des VIe-IIe siècles avant notre ère, plusieurs siècles après la date supposée de fondation. Les affirmations sur la constitution génétique des premiers fondateurs sont donc provisoires et potentiellement trompeuses.[20]

Biais de survie : l'étude a exclusivement porté sur des personnes inhumées, favorisant ainsi les groupes plus récents qui pratiquaient l'inhumation et négligeant potentiellement les traces génétiques des premiers colons qui pratiquaient la crémation. Ce biais privilégie les preuves d'assimilation et d'hybridation à une époque plus récente, mais ne dit rien sur la population fondatrice.[21] Les critiques affirment que le terme « ADN levantin » est trop simpliste, car il y avait déjà beaucoup de métissage à l'âge du bronze, notamment avec des ancêtres iraniens/caucasiens et steppiques. Utiliser le terme « ADN levantin » comme une catégorie unique sans identifier les périodes historiques ou les différences régionales le rend trop simpliste et ne permet peut-être pas de refléter correctement les profils génétiques tyriens du IXe au VIIIe siècle avant notre ère.

Échantillonnage limité des sites fondateurs : l'étude a intégré un nombre limité d'échantillons provenant des strates d'occupation initiales de sites importants, avec de nombreux vestiges provenant de fouilles antérieures insuffisamment documentées et dépourvues de contexte clair.[22] Ces problèmes méthodologiques incitent à la prudence dans l'interprétation des résultats. Une évaluation a déclaré : « L'absence d'échantillons d'ADN plus anciens laisse des questions en suspens quant au moment et à la manière dont ce changement génétique s'est produit. » Il n'y avait probablement pas beaucoup de colons phéniciens au début, et leur ascendance levantine a pu rapidement s'estomper par le biais de mariages mixtes, d'autant plus que Carthage prospérait et que les cités-États phéniciennes du Levant succombaient à des empires tels que les Assyriens et les Perses. [23]

Les vestiges archéologiques : ce que révèle le sol

Pour comprendre ces différents points de vue, il est nécessaire de disposer d'informations archéologiques. Les fouilles menées sur divers sites confirment que Carthage a été fondée en tant que colonie phénicienne à la fin du IXe ou au début du VIIIe siècle avant notre ère, sans qu'il y ait d'indications d'une occupation phénicienne antérieure sur le site.

Bir Massouda, situé au cœur de Carthage, a été le théâtre des travaux archéologiques les plus importants récemment. Les fouilles ont mis au jour de grandes quantités d'artefacts phéniciens et puniques datant du VIIIe siècle avant notre ère. Ces découvertes ont clairement établi un lien entre le mode de vie phénicien et le travail des métaux, l'urbanisme et la culture matérielle. Aucun vestige indiquant que des populations vivaient là avant l'arrivée des Phéniciens n'a été retrouvé.[24]

Le Tophet de Carthage, site sacré dédié à Baal Hammon et Tanit, est l'un des plus anciens témoignages de la présence des Phéniciens dans cette région. Dans le cadre d'un projet de quatre ans, de 2023 à 2025, les archéologues ont mis au jour de nombreux objets intéressants. Ils ont découvert neuf pièces d'or datant du IIIe siècle avant notre ère (en 2023) et un masque en marbre vieux de 2 300 ans représentant une femme avec une coiffure de style phénicien (en novembre 2025). Ces artefacts confirment la culture phénicienne de Carthage et démontrent que la ville était cosmopolite, présentant une multitude d'influences artistiques et commerciales. [25]

Jusqu'à présent, des tentatives de datation des artefacts à l'aide du radiocarbone ont été effectuées afin de relier la date acceptée de 814 avant notre ère aux données archéologiques. Les premières fouilles ont montré que des populations ont commencé à s'installer dans la région vers 760 avant notre ère, mais de nouveaux tests au radiocarbone effectués sur des composants organiques provenant des premières couches d'habitation ont repoussé ces dates à la fin du IXe siècle avant notre ère. Cette amélioration permet de mieux faire correspondre les découvertes archéologiques avec ce que l'on sait déjà grâce aux livres.

Commerce, migration et évolution de la population au fil du temps

Pour comprendre comment le nombre d'habitants de Carthage a évolué au fil du temps, il est nécessaire de connaître les vastes réseaux commerciaux phéniciens et leur expansion en Méditerranée. La plupart des colonies phéniciennes avaient des entreprises qui fonctionnaient comme des comptoirs commerciaux plutôt que comme des efforts de colonisation à grande échelle. Les Phéniciens « n'avaient pas assez de population ni besoin de construire des villes dans d'autres pays qui pouvaient vivre de manière autonome ». La plupart des villes comptaient moins de 1 000 habitants. Carthage et quelques autres villages ont fini par devenir de grandes villes autonomes, mais ce scénario n'était pas la norme.

Au début, seuls quelques dizaines ou quelques Phéniciens vivaient probablement à Carthage. Les traditions fondatrices racontent que la Libye, le peuple berbère et d'autres civilisations méditerranéennes ont beaucoup contribué à son essor rapide. Les documents historiques montrent que Carthage entretenait des liens étroits avec les peuples indigènes d'Afrique du Nord. Au départ, ils rendaient hommage aux tribus berbères locales, mais plus tard, ils ont utilisé des traités, des accords commerciaux et la force militaire pour s'emparer des terres.

Au début du IVe siècle avant notre ère, les Berbères constituaient la majeure partie de l'armée carthaginoise. Cela montre qu'ils faisaient désormais partie de la civilisation carthaginoise. Les sociétés « libyennes-phéniciennes » mentionnées dans les textes anciens, qui mélangeaient les traits culturels phéniciens et libyens, sont probablement un exemple de cette tendance démographique.

Les données génétiques indiquant que la plupart des habitants de Carthage provenaient de Sicile et de Grèce/mer Égée suggèrent que la migration depuis ces régions était bien plus importante qu'on ne le pensait. Les populations grecques et phéniciennes de Sicile étaient proches, ce qui facilitait les échanges entre les peuples. Des personnes issues de nombreuses cultures différentes sont arrivées à Carthage pour faire du commerce, car la Sicile et d'autres îles méditerranéennes sont devenues des lieux où les gens pouvaient se rencontrer et partager leurs idées.

La légende de Didon revisitée

Comment devons-nous considérer le mythe fondateur de Didon maintenant que nous disposons de preuves ADN ?

Vous avez trois choix :

Rejet de l'historicité : Les preuves ADN démontrant que les Carthaginois ne descendaient pas des Phéniciens peuvent rendre l'histoire de Didon complètement fausse. Comment une princesse tyrienne aurait-elle pu fonder Carthage si la plupart des habitants n'étaient pas phéniciens ? D'un autre côté, ce point de vue confond les récits sur la fondation d'une ville avec des données sur sa population plusieurs siècles plus tard. Même si Didon ou un petit groupe d'exilés tyriens ont construit la première ville, leurs gènes ont pu disparaître en quelques années seulement en raison des mariages et de l'arrivée de personnes issues d'autres cultures.[26]

Mythe avec un fond historique : Josephine Quinn et d'autres affirment que l'embellissement romantique de Virgile est clairement inventé, mais que le récit de base sur Carthage est sans aucun doute basé sur des événements réels. Le nom de la ville était Qart Hadašt, ce qui signifie « nouvelle ville ». Cela signifie qu'elle a été construite intentionnellement comme une fondation phénicienne, et non comme une communauté indigène. La persistance de la langue phénicienne, des pratiques religieuses, des structures gouvernementales et de l'identité culturelle au fil des siècles indique une transmission intentionnelle de la part d'une population fondatrice phénicienne, indépendamment de la diversité génétique ou du métissage rapide au sein de cette société.[27]

Mémoire culturelle plutôt qu'histoire génétique : les données génomiques montrent clairement que l'identité antique était principalement fondée sur la culture et non sur la biologie. Les Carthaginois ont préservé leur identité phénicienne en utilisant une langue sémitique, en vénérant les divinités cananéennes et en utilisant l'alphabet phénicien, malgré leur héritage génétique levantin limité. La mythologie de Didon montre probablement comment les Carthaginois concevaient et racontaient l'histoire de leurs origines. Elle a créé un mythe fondamental qui a clarifié leurs liens culturels avec Tyr tout en masquant les différences démographiques au sein de leur population réelle.

Conclusion : vers une synthèse

Les nouvelles preuves ADN ont modifié notre perception des habitants de Carthage, mais elles ne corroborent pas directement l'idée selon laquelle « Carthage n'était pas phénicienne » ou que la ville a été construite par les Nord-Africains qui y vivaient. Les données nous fournissent une image plus complexe : culturellement, Carthage était phénicienne, mais génétiquement, elle était tout à fait unique. Elle a commencé comme un petit port commercial phénicien, mais elle s'est rapidement développée pour devenir une ville méditerranéenne abritant plusieurs cultures différentes. Des personnes sont arrivées d'Afrique du Nord, de Grèce et de Sicile.

Il n'existe aucune preuve que les Phéniciens aient vécu sur le site avant 814-813 avant J.-C., date à laquelle ils y ont construit des fondations. L'histoire traditionnelle de la fondation de Carthage, qui comporte des éléments légendaires, est probablement basée sur ce qui s'est réellement passé lorsque les habitants de Tyr ont érigé la ville. On ne sait pas avec certitude si une princesse nommée Didon/Élise a mené cette expédition, mais l'histoire montre comment les Carthaginois concevaient leurs origines et restaient en contact avec leurs racines phéniciennes.

Les analyses ADN montrent que la plupart des habitants de Carthage venaient de Sicile, de Grèce et d'Afrique du Nord, et non du Levant. Ce changement démographique s'est produit alors que l'identité culturelle était principalement phénicienne. Cela démontre que les cultures méditerranéennes anciennes étaient fondées sur l'identité culturelle plutôt que sur l'identité génétique.

L'histoire de Didon est plus qu'une simple fable ou un simple récit historique. Il s'agit d'une mémoire culturelle qui montre comment un groupe de personnes très différentes est resté attaché à son histoire fondatrice tout en accueillant des individus venus de toute la Méditerranée. L'« astuce de la peau de bœuf » et la triste histoire d'amour sont peut-être légendaires, mais elles recèlent une vérité plus profonde : Carthage était vraiment une « nouvelle ville » qui s'est construite grâce à la migration, à la négociation avec les peuples autochtones et à la merveilleuse capacité de construire une identité culturelle unifiée à partir de sources démographiques très différentes.

✸✸✸

Pour en savoir plus :

Fantar, M'hamed Hassine Kerkouane, une ville punique dans la région berbère de Tamezrat, VIe-IIIe siècle avant J.-C., Collection Patrimoine méditerranéen, 2007, Tunis.

Fantar, M'hamed Hassine Carthage Approche d'une civilisation, Tome I-II, Alif – Les éditions de la Méditerranée, 1998 Tunis.

Fantar, M'hamed Hassine Carthage, la cité punique, Alif, Les Éditions de la Méditerranée, CNRS Éditions, Paris, 1995.

Fantar, M'hamed H. dans Présence punique au Cap Bon (pp. 51-94), Africa n° 5-6, 1978.

Sources et références

1. Rose, Fiona. « Didon, reine de Carthage | EBSCO ». EBSCO Information Services, Inc. | www.ebsco.com , 2023. https://www.ebsco.com/research-starters/biography/dido-queen-carthage

2. Ibid.

3. Nijboer, Albert, Karin Mansel, Boutheina Maraoui Telmini et Fethi Chelbi. « NOUVELLES DATES AU CARBONE 14 DE CARTHAGE : COMBLER LE FOSSÉ ENTRE L'HISTOIRE ET L'ARCHÉOLOGIE ? » *Www.academia.edu*. Consulté le 15 juillet 2024. https://www.academia.edu/28188258/NEW_RADIOCARBON_DATES_FROM_CARTHAGE_BRIDGING_THE_GAP_BETWEEN_HISTORY_AND_ARCHAEOLOGY

4. Dridi, Hédi. « Early Carthage ». Édité par Brian R. Doak et Carolina López-Ruiz. *The Oxford Handbook of the Phoenician and Punic Mediterranean*, 12 août 2019, 139-54. https://doi.org/10.1093/oxfordhb/9780190499341.013.11.

5. Les Phéniciens en Phénicie. « Elissa (Didon) de Carthage dans la légende et le mythe », s.d. https://phoenician.org/elissa_dido_legend/

6. Quinn, Josephine. « Prentice Lecture : Josephine Quinn ». Princeton Classics, 2021. https://classics.princeton.edu/department/news/prentice-lecture-josephine-quinn

7. Bbc.co.uk. « The Forum : Didon, reine légendaire de Carthage », 29 octobre 2020. https://www.bbc.co.uk/mediacentre/proginfo/2020/43/the-forum-dido

8. *Nature*, 23 avril 2025. https://doi.org/10.1038/d41586-025-01283-w

9. Moeed, Abdul. « Carthage n'était pas majoritairement phénicienne, selon une nouvelle étude ADN ». Colombia One : Actualités de Colombie et du monde, 24 avril 2025. https://colombiaone.com/2025/04/24/carthage-phoenician-dna/

10. Curry, Andrew. « Most Phoenicians Did Not Come from the Land of Canaan, Challenging Historical Assumptions » (La plupart des Phéniciens ne venaient pas du pays de Canaan, remettant en question les hypothèses historiques). AAAS *Articles DO Group*, 23 avril 2025. https://doi.org/10.1126/science.z36xmn4.

11. À Carthage, The Archaeologist, 27 avril 2025, Op.Cit.

12. Ibid.

13. Franz Lidz. « Qui a fondé Carthage ? Une nouvelle étude génétique remet en question les anciennes théories. » *The New York Times*, 24 avril 2025. https://www.nytimes.com/2025/04/24/science/archaeology-genetics-carthage-phoenician.html.

14. Exploreyourdna.com. « Phoenician Genes across the Sea: How Ancient DNA Reveals Their Mediterranean Legacy » (Les gènes phéniciens à travers la mer : comment l'ADN ancien révèle leur héritage méditerranéen), 2025. https://www.exploreyourdna.com/article/58/phoenician-genes-across-the-sea-how-ancient-dna-reveals-their-me

diterranean-legacy.htm

15. The Archaeologist, 27 avril 2025, Op, CIT.

16. Actualités, Amazigh World. « Carthage n'était pas phénicienne : une étude ADN révolutionnaire confirme ses racines autochtones nord-africaines | Amazigh World News». Amazigh World News, 30 mai 2025. https://amazighworldnews.com/carthage-was-not-phoenician-groundbreaking-dna-study-confirms-indigenous-north-african-roots/.

17. Ibid.

18. Noerby Bonde, Bent. « Carthage a bien été détruite », s.d. https://www.media-progress.net/downloads/Carthage%20was%20indeed%20destroyed%20-%2021.3.2011.pdf

19. Équipe éditoriale. « Évaluation de l'étude phénicienne 2025 de Max Planck sur 210 échantillons - Let Africa Speak ». Let Africa Speak, 28 avril 2025. https://thinkafrica.net/max-planck-2025-phoenician-study/

20. Ibid.

21. Équipe éditoriale, Let Africa Speak, 28 avril 2025, Op. CIT.

22. Ibid.

23. Giannopoulos, Bill. « Carthaginians Unraveled: Ancient DNA Shows Surprising Genetic Disconnect from Phoenician Roots » (Les Carthaginois dévoilés : l'ADN ancien révèle une surprenante rupture génétique avec les racines phéniciennes). Greek City Times, 25 avril 2025. https://greekcitytimes.com/2025/04/26/carthaginians-unraveled-ancient-dna-shows-surprising-genetic-disconnect-from-phoenician-roots/.

24. Academia.edu. « Carthage (archéologie) », 2016. https://www.academia.edu/Documents/in/Carthage_Archaeology_/MostCited.

25. Bent Noerby Bonde, « Carthage Was Indeed Destroyed », Op. CIT.

26. Khan, Razib. « The Punic Paradox: Genetically, Rome's Great African Rival Was Startlingly European » (Le paradoxe punique : génétiquement, le grand rival africain de Rome était étonnamment européen). Razibkhan.com. Razib Khan's Unsupervised Learning, 12 juin 2025. https://www.razibkhan.com/p/the-punic-paradox-genetically-romes (Le mythe de la ville fondée par Didon).

27. Sebastián Panatt. « Didon, reine de Carthage ». Substack.com. SP Historian, 23 octobre 2024. https://sebastianpanatt.substack.com/p/dido-queen-of-carthage.

1
Les fondations carthaginoises
Ancien État et continuité institutionnelle (IXe siècle av. J.-C. – 146 av. J.-C.)

Origines et fondation de Carthage

La cité-État de Carthage continue de captiver l'imagination des historiens, des archéologues et des amateurs grâce à son histoire et à ses origines. Les mythes fondateurs et les indices archéologiques liés à Carthage créent des récits fascinants qui mettent en évidence les différences dans la gouvernance de cette civilisation. La légende phénicienne attribue la fondation de Carthage à la reine Didon, également connue sous le nom d'Élise. Elle aurait fui la ville de Tyr et aurait beaucoup souffert lors de la traversée de la Méditerranée jusqu'à ce qu'elle atteigne la partie nord du continent africain, qui fut alors le site de sa nouvelle ville. Ce récit en marbre témoigne de la culture phénicienne et des avantages de la ville côtière de Carthage. Des fouilles archéologiques ont également été menées à Carthage, qui ont révélé des traces d'une colonie datant du IXe siècle avant J.-C. À cette époque, la culture qui s'était implantée dans cette région était probablement en plein essor. Ces recherches indiquent que Carthage avait mis en place une forme de gouvernance et de contrôle administratif. Ces informations ouvrent la voie à de nouvelles recherches sur les débuts de l'histoire de la ville.

En examinant plus en profondeur l'histoire de Carthage, nous réalisons que la fusion de l'exploration, de la mythologie et des changements sociétaux a contribué à façonner la naissance et la formation de la ville. La Habana de Carthage et son héritage, ainsi que l'histoire et les mythes carthaginois, nous racontent ensemble l'histoire complète de la civilisation carthaginoise.

Les ressources universitaires les plus récentes et les plus crédibles offrent une critique pointue de la légende de Didon, en se concentrant sur celle-ci et en proposant de nouvelles interprétations sur la fondation de Carthage. Elles soutiennent que la ville s'est développée de manière plus complexe et indigène qu'un simple avant-poste colonial phénicien.

1. Les preuves génétiques suggèrent des origines locales et diverses

Une étude publiée dans Nature et menée par des chercheurs de Harvard a montré que les anciens Carthaginois étaient génétiquement plus proches des Grecs, des Nord-Africains et des Siciliens que des Phéniciens de Tyr. Carthage et les colonies environnantes ont été au centre de l'étude, qui a porté sur des échantillons d'ADN de 17 individus de Carthage et de 86 individus de ses colonies. Les résultats indiquent que Carthage était le résultat d'une fusion locale et régionale considérable, dominant l'idée d'une population fondatrice d'origine phénicienne (Reich et al., 2025 ; The Archaeologist, 2025) (the archaeologist.org).

2. Consensus scientifique moderne sur la nature mythique de Didon

La communauté scientifique, composée d'historiens et d'archéologues, a presque unanimement soutenu que Didon était un personnage fictif et non une personne réelle. La première mention de Didon provient de Timée de Tauroménium (IIIe siècle av. J.-C.), plusieurs siècles après la fondation présumée de Carthage ; cependant, les découvertes archéologiques indiquent que la colonisation a commencé au milieu du VIIIe siècle av. J.-C., ce qui soulève des questions sur l'exactitude historique de l'histoire de la vie de Didon (Mythosjourney, 2025 ; The Hellenica World, 2025) (mythosjourney.com).

3. Le mythe archaïque comme récit culturel plutôt que comme témoignage historique

Certains chercheurs émettent l'hypothèse que le mythe fondateur, avec la légendaire ruse de la peau de bœuf, relève davantage d'une construction culturelle que d'un récit historique. L'image de la peau de bœuf, comme celle de centaines d'autres récits mythiques couvrant la Grande Eurasie, témoigne d'une imagination figurative relevant davantage de la narration que de faits réels. En ce qui concerne Carthage, il est probable que l'histoire soit mythifiée plutôt qu'une histoire d'origine historiquement exacte (Oikonomidis, 2025) (archaeopresspublishing.com).

Structures politiques et gouvernance

Les structures politiques et la gouvernance de Carthage étaient étroitement liées à l'influence et au pouvoir croissants de la cité-État, qui était devenue bien plus qu'un simple pilier de la Méditerranée. Avec la combinaison de diverses terres et villes sur lesquelles Carthage exerçait son influence et son pouvoir, la gouvernance carthaginoise s'articulait autour d'un système bipartite de fonctions politiques, de conseils et de ministres qui géraient les affaires intra et interurbaines. La plus haute fonction était celle des suffètes, qui exerçaient le contrôle de l'État avec le soutien du Conseil des anciens, composé d'aristocrates et de suffètes élus. L'unité des citoyens libres et actifs complétait la gouvernance en soutenant les politiques de l'État et en donnant de l'autorité à l'assemblée populaire. La forme de gouvernance préservée à Carthage était plus qu'influente, car elle servait à traiter les questions soulevées par la société.

De plus, l'adoption par Carthage d'une politique expansionniste et la gestion de ses territoires d'outre-mer ont contribué à l'équilibre de son système administratif. La nomination de juges comme organe directeur des provinces éloignées des domaines de Carthage visait à déléguer le pouvoir et à assurer une supervision directe ; la structure décentralisée régissant chaque domaine élargi a établi un équilibre des pouvoirs qui soutenait à la fois la gouvernance carthaginoise et l'administration locale. De plus, la loyauté de Carthage envers ses royaumes clients et ses alliances a joué un rôle crucial dans la construction de son système géopolitique dans le contexte maritime environnant.

Le rôle de l'armée dans le système de gouvernance est tout aussi important que celui des institutions politiques. L'émergence d'une armée professionnelle et d'une flotte a protégé les intérêts de Carthage et influencé l'élaboration des politiques. L'administration de Carthage englobe la distribution des ressources militaires et la coordination des opérations navales, illustrant la fusion de la puissance militaire et de la politique dans la gouvernance. Les structures et pratiques de gouvernance avancées de l'ancienne Carthage ont contribué à l'ascension de la cité-État au rang de puissance mondiale. L'intégration de la gouvernance politique, administrative et militaire témoigne du dynamisme et de la souveraineté de Carthage. Ces approches étaient remarquablement holistiques et ont servi de référence pour les civilisations futures en démontrant comment leurs innovations ont influencé les cultures ultérieures.

Fondements économiques et réseaux commerciaux

Le commerce soutenait l'économie de Carthage et constituait le fondement de sa puissance. Située au centre du réseau commercial méditerranéen, Carthage pouvait commercer par voie maritime dans de nombreuses régions. Les navires carthaginois entretenaient un puissant réseau de commerce maritime, et l'accumulation de ressources contribua à la prospérité de ce petit État. Le commerce carthaginois s'étendait bien au-delà de la Méditerranée. Le commerce englobait les activités les plus dominantes sur le plan économique dans l'État et comprenait les métaux, le coton, les produits agricoles et les articles exotiques. Les tapis, ainsi que l'ivoire, toujours insaisissable et très recherché, étaient aussi prisés que les épices qui aromatisaient les différentes régions du marché. Les politiques mercantiles facilitent directement l'expansion des civilisations, en plus de la diffusion des ressources et de la richesse générée par la géographie.

L'économie de Carthage était vivante et diversifiée, caractérisée par une croissance industrielle dynamique et des industries spécialisées utilisant des techniques de fabrication complexes. La métallurgie, la construction navale, la verrerie, la poterie et d'autres verreries témoignaient de la maîtrise de la cité-État, consolidant les fondements de l'esprit d'entreprise et de la diversification économique. Cependant, la vitalité économique de Carthage était principalement soutenue par les richesses de l'agriculture, qui permettaient aux régions intérieures de cultiver des céréales et d'autres produits de base tels que les olives, la vigne et les agrumes pour la consommation intérieure et l'exportation. La flotte carthaginoise organisait principalement les routes commerciales, les concentrant de manière centralisée dans le célèbre port de Carthage, parmi ses autres havres. Les installations portuaires avancées de Carthage jouaient un rôle crucial dans le commerce, permettant à la ville de stocker, de transborder et de redistribuer les marchandises. Carthage a également développé un contrôle fort et presque exclusif sur les colonies et les comptoirs commerciaux qui entouraient la ville. Ces développements ont encore renforcé le réseau commercial et la portée économique de Carthage.

L'opulence urbaine et le réseau commercial avancé de Carthage ont favorisé une culture cosmopolite, transformant ses relations diplomatiques en une orientation plus internationale. Cela a permis la diffusion de nouvelles idées et réflexions, qui ont alimenté la riche histoire du développement intellectuel et artistique de la cité-État carthaginoise.

Le dynamisme économique a renforcé la position de Carthage en tant qu'acteur majeur du monde antique et l'a placée dans une position avantageuse pour poursuivre son développement dans les domaines du commerce, des activités industrielles et des interactions interculturelles.

Innovations militaires et domination stratégique

Les innovations en matière de guerre et la domination exercée pendant le règne de Carthage ont eu des effets durables sur l'histoire. Leur réputation de puissance navale provenait des techniques avancées développées par les Carthaginois dans la construction de navires et la guerre navale. La construction de navires quinquérèmes, dotés de cinq rangées de rames superposées, conférait aux flottes carthaginoises une agilité et une rapidité exceptionnelles, leur permettant de dominer la Méditerranée. De plus, l'innovation et le succès de Carthage dans la guerre étaient attribués au déploiement d'armes uniques, telles que le bélier naval meurtrier appelé rostrum. Carthage était tout aussi performante sur terre, la conquête de la domination mercenaire de la Méditerranée lui fournissant une horde de troupes et l'utilisation habile d'éléphants de guerre, qui servaient d'armes psychologiques et physiques. Le chef militaire carthaginois, Hannibal Barca, connu pour ses prouesses stratégiques, a mis en œuvre la tactique du double encerclement lors de la bataille de Cannes, illustrant ainsi la confiance dans les capacités de commandement et de contrôle de l'armée carthaginoise. La vaste sphère d'influence diplomatique, qui comprenait de nombreux États clients dispersés autour de la Méditerranée, a encore renforcé la domination stratégique de Carthage.

Carthage contrôlait efficacement les routes et les zones commerciales de la région, ce qui lui permettait de tirer parti d'avantages commerciaux supplémentaires et de faciliter les flux de soutien économique et militaire, ce qui lui a finalement permis d'établir sa domination sur la République de Rome. Cette domination particulière a permis à Carthage de devenir la première puissance de la région, ce qui en a fait la cible de toutes les autres civilisations cherchant à exercer leur contrôle. De plus, la capacité des Carthaginois à s'adapter et à progresser face à d'autres civilisations en pleine expansion et aux problèmes militaires qui les entouraient a permis à Carthage de maintenir sa domination. Leurs ouvrages d'aide et ceux d'autres villes importantes, tels que les murs protecteurs de Carthage, étaient des constructions militaires solides qui ont grandement contribué à la domination de Carthage dans la région. Chaque fois qu'une guerre éclatait, les vestiges de Carthage étaient capables d'utiliser leur puissance et leur intelligence pour maintenir leur contrôle, prolonger les conflits et soutenir les infrastructures qui contribuaient à leurs efforts stratégiques.

Les générations suivantes ont hérité de la domination militaire résultant de la richesse de Carthage. Les civilisations qui ont émergé après Carthage elle-même ont suivi ses traces. Les réalisations de Carthage ont inspiré les grands bâtisseurs et maîtres de la guerre que nous connaissons aujourd'hui, ainsi que les auteurs de nombreuses œuvres remarquables.

Influences culturelles et pratiques religieuses

L'ancienne Carthage a efficacement utilisé sa religion et sa culture établies pour façonner son idéologie et sa gouvernance.

La culture de Carthage était un amalgame de diverses influences étrangères, principalement phéniciennes, interculturelles et aborigènes. La religion était au cœur de tous les aspects de la vie à Carthage : administratif, commercial et social. Les Carthaginois croyaient en de nombreux dieux, dont Baal Hammon et Tanit étaient les principales divinités. Les sacrifices rituels, impliquant notamment des enfants, témoignaient d'un engagement religieux fervent, à tel point que ces actes étaient monnaie courante. Les chercheurs ont débattu de la prévalence et de la signification des sacrifices d'enfants dans la religion carthaginoise. Au-delà de la religion, la fusion des éléments phéniciens et indigènes reflétait profondément la culture dans l'art, l'architecture, la langue et la littérature. La civilisation de la ville encourageait les activités artistiques et intellectuelles, dotant ainsi la région d'importants atouts culturels. De plus, la présence de différentes ethnies, ainsi que les influences étrangères, offraient à la société carthaginoise une diversité interculturelle exubérante. La société connaissait une atmosphère prospère, imprégnée d'un riche amalgame de cultures diverses. Les influences culturelles de Carthage ont toutefois survécu aux siècles et reflètent les traditions et les rituels des civilisations qui ont suivi et traversé la Méditerranée.

Cette collection diversifiée de cultures et de patrimoines, ainsi que l'influence historique durable de Carthage, témoignent de sa contribution à l'histoire.

Références pour approfondir le sujet

• Karapanagiotis, Ioannis. 2019. « A Review on the Archaeological Chemistry of Shellfish Purple » (Une revue de la chimie archéologique du pourpre de coquillage). *Sustainability* 11 (13) : 3595. https://doi.org/10.3390/su11133595. *Une revue détaillée des méthodes physico-chimiques utilisées pour étudier le colorant pourpre de Tyr.*

- Metcalfe, Tom. 2025. « The Purple Dye That Powered the Ancient Phoenician Empire ». *History.com*, 11 juin 2025. *Aperçu du monopole phénicien sur la pourpre de Tyr et de son importance économique et culturelle.* (history.com)
- Rosa, Michele. s.d. *Delle Porpore e Delle Materie Vestiarie Presso Gli Antichi : Dissertazione Epistolare*. Moderna. (1786). Bibliothèque John Crerar, Université de Chicago. *Traité moderne sur la teinture pourpre antique et les matières textiles.* (lib.uchicago.edu)
- « Pourpre de Tyr : une teinture rare et précieuse de l'âge du bronze en Grèce. Un peu d'histoire et de chimie. » 2024. *American Council on Science and Health*, 26 juin 2024. *Preuves de la production de pourpre de Tyr à l'âge du bronze à Égine Kolonna.* (acsh.org)
- Iacovou, Maria et Dimitra Mylona. 2019. « Purple Dye Production under Royal Management: Evidence from the Cypro-Classical Citadel of Ancient Paphos » (La production de teinture pourpre sous la direction royale : preuves provenant de la citadelle chypriote classique de l'ancienne Paphos). *Cahiers du Centre d'Études Chypriotes* 49 : 167-78. https://doi.org/10.4000/cchyp.586 (La production de pourpre à Égine Kolonna). *Découvertes archéologiques de gisements à grande échelle de coquilles de murex indiquant une production centralisée de teinture.* (journals.openedition.org)
- Torr, Cecil. 1891. « Les ports de Carthage ». *The Classical Review* 5 (2) : 189-200. *Analyse fondamentale de l'infrastructure portuaire du cothon de Carthage basée sur des sources antiques et les premières fouilles archéologiques.*
- Lancel, Serge. 1995. *Carthage : une histoire*. Traduit par Antonia Nevill. Oxford : Basil Blackwell.

2
De Rome à l'islam
Stratification institutionnelle et synthèse culturelle (146 av. J.-C. – XVIe siècle apr. J.-C.)

La chute de Carthage et l'ascension de Rome

La chute de Carthage a modifié l'équilibre des pouvoirs en Méditerranée en donnant aux Romains le contrôle du pays. Les Romains ont remporté la troisième guerre punique, qui s'est déroulée entre 149 et 146 av. J.-C. Les terres conquises ont été intégrées au gouvernement provincial romain. Le territoire est passé de la domination carthaginoise à la domination romaine. Cela a transformé à la fois la politique, la société et l'économie. La domination romaine s'est établie sur les territoires carthaginois nouvellement acquis et l'administration de la province a été renforcée. Les Romains administraient les provinces depuis le centre, ce qui signifiait que toutes avaient le même niveau d'autorité, mais que les populations pouvaient choisir le degré de pouvoir qu'elles souhaitaient avoir. Les gouverneurs romains supervisaient les provinces et pouvaient définir la politique impériale. Ils accordaient également un certain pouvoir aux chefs locaux pour gérer les affaires. La consolidation du pouvoir sur les anciens royaumes carthaginois a non seulement créé un gouvernement centré sur Rome, mais a également uniformisé les systèmes juridiques et financiers locaux.

Les Romains ont mis en place de nouveaux systèmes juridiques et économiques dans les pays qu'ils ont conquis, qui ont été essentiellement romanisés. Le processus d'intégration a également contribué à l'essor économique, car Rome a investi des sommes considérables dans la construction de routes, d'aqueducs, de travaux publics et d'autres types d'infrastructures. L'essor des nouveaux territoires conquis a également favorisé le développement culturel. À cette époque, l'éthique, l'art et la culture romains étaient très populaires. La construction de nouvelles routes et la création de villes ont également amélioré l'environnement artistique et la société dans son ensemble. L'union de la nouvelle province romaine avec les anciens territoires de Carthage a apporté de nouvelles langues, coutumes et modes de vie à l'Empire romain. Les provinces romanisées ont connu des changements substantiels dans leurs civilisations, car elles combinaient les traditions romaines et indigènes. Lorsque Carthage est tombée et que ses terres ont été intégrées à l'Empire romain, de nouvelles régions culturelles sont apparues. Celles-ci se caractérisaient par une administration plus complexe et des systèmes de gouvernement plus avancés, ainsi que par une période de métissage culturel.

De nombreux changements ont eu lieu pendant l'administration de Pasiphaë dans le cadre de l'expansion méditerranéenne. Ces changements ont été causés par les conquêtes, les assimilations et les nouveaux systèmes sociaux et gouvernementaux qui ont vu le jour dans la région.

Le gouvernement provincial romain et la liberté locale
Après la conquête de Carthage, les premiers changements ont été apportés à la manière dont la région était gérée et gouvernée. Les provinces contrôlaient le nouveau territoire et chacune d'entre elles était dirigée par un préfet. Les républiques du Cercle avaient pour mission de collecter et de gérer les impôts et de veiller à ce que justice soit faite. Les républiques de Rome étaient chargées de veiller à ce que justice soit faite. Les problèmes fondamentaux liés au pouvoir romain sur Carthage étaient la nécessité d'un ordre rationnel et d'un gouvernement indépendant et prescrit. Leur indépendance appropriée au sein du gouvernement local a contribué à maintenir les lois locales indigènes et une coopération régulière. La domination romaine a renforcé les gouvernements locaux en établissant davantage de règles, ce qui les a rendus plus forts que n'importe quel chef précédent. Ensuite, les chefs ont pris le contrôle du système impérial en prenant le contrôle de l'administration locale. L'autonomie était alors importante dans la cooptation.

Les Ottomans appelaient « régions frontalières » les zones qui étaient officiellement gouvernées mais qui conservaient encore une certaine domination byzantine. Les Ottomans avaient de nombreuses raisons de créer des provinces supplémentaires. Cela visait également à améliorer l'économie et l'ordre, tout comme cela devait contribuer à l'épanouissement de la culture. Les Ottomans contrôlaient la région byzantine, mais ils cherchaient à l'améliorer sur le plan social et financier. L'objectif principal était de diffuser la culture byzantine à travers la soierie. Un objectif plus large était de diffuser les biens culturels dans tout l'Empire ottoman.

Il était difficile de déterminer où s'arrêtait la culture byzantine et où commençait la culture ottomane dans cette région. Alors que les villes de l'Empire byzantin s'efforçaient de rester indépendantes de l'Empire ottoman, de magnifiques courants culturels s'y sont répandus. Ces courants ont aidé les Ottomans à se développer et à diffuser leur culture, ce qui a rendu les distinctions entre les deux cultures moins évidentes. Les deux ont contribué à l'économie et à la société. L'Empire byzantin avait depuis longtemps oublié les joyaux. La soie avait longtemps été leur principale source de revenus. Ces courants de soie se sont intensifiés et sont désormais mêlés à des diamants anciens qui racontent l'histoire de l'empire. Des graphiques contextuels apparaissent dans toutes les villes des environs.

Ils souhaitaient améliorer la civilisation, mais la région a tenté d'entraver autant que possible la circulation des ressources qui ont contribué à l'essor des Ottomans. Cela est resté un inter-gemme afin que les besoins du peuple puissent croître et trouver un nouveau foyer dans les gemmes de la culture. Les Byzantins percevaient la même chose comme beaucoup moins importante : la barrière de la soie où les flux étaient perdus. Il existait une tapisserie à motifs dans la culture byzantine.

Changements économiques à l'époque romaine

Lorsque les Romains ont conquis la Tunisie, cela a marqué le début d'un changement radical dans l'économie de la région. Ils ont révolutionné le commerce et l'agriculture, et ont même contribué à l'expansion des villes de la région. Les Romains étaient responsables de la Tunisie, tandis que l'économie et les infrastructures se développaient considérablement.

Dans la province, les Romains ont travaillé d'arrache-pied pour construire des routes, des ponts et des ports. Cela a considérablement facilité la circulation des personnes et des marchandises. Ces améliorations apportées aux infrastructures tunisiennes ont grandement facilité le commerce à l'intérieur du pays, et encore plus avec les autres régions de l'Empire romain. L'appartenance à la grande région méditerranéenne a favorisé le commerce en Tunisie et même avec d'autres parties de l'Empire situées à proximité. La Tunisie prospéra grâce à la vente d'huile d'olive, de blé et d'autres produits agricoles à d'autres pays. Les Romains améliorèrent également le gouvernement en uniformisant les mesures et en donnant à la région une monnaie unique. Cela apporta à l'économie la stabilité dont elle avait besoin, ce qui favorisa encore davantage les échanges commerciaux. La colonisation des terres, notamment dans la luxuriante péninsule du Cap Bon, au centre de l'Empire et capitale de la province, améliora considérablement l'approvisionnement alimentaire et l'agriculture de la région. L'Empire romain a construit des villes telles que Carthage, Utica et Dougga, ce qui a contribué à centraliser l'administration, le commerce et la culture.

De nombreuses entreprises de toutes sortes se sont développées dans ces grandes villes, car elles attiraient à la fois des immigrants et des travailleurs qualifiés. La classe supérieure romaine soutenait particulièrement les arts et les travaux publics. Ces éléments se sont ajoutés à la culture déjà existante et ont donné de l'importance à la région. Même si les impôts romains étaient une charge, ils étaient utilisés pour protéger la paix, construire des bâtiments publics et réaliser d'autres projets bénéfiques pour la ville. Cela a contribué à la croissance économique de la région. Les changements économiques qui ont eu lieu pendant la période romaine ont manifestement facilité l'intégration de la Tunisie dans l'économie méditerranéenne. Les villes et les entreprises de la région en ont ressenti les effets pendant longtemps après.

Échanges culturels et romanisation

De 146 avant J.-C. au XVIe siècle après J.-C., les contacts culturels et la romanisation ont modifié le tissu social et culturel de la région. Les Romains qui ont conquis les populations indigènes ont rendu difficile la cohabitation entre les personnes de cultures différentes. Les deux parties ont modifié et adopté des éléments de la culture de l'autre. C'est ce lien culturel qui distinguera la culture tunisienne des autres. Les Romains ont tenté de rendre les populations indigènes plus semblables à eux en modifiant les lois, les bâtiments et les coutumes, et en faisant du latin la principale langue de gouvernance.

Les colons romains et les populations qui vivaient déjà sur place ont mélangé leurs croyances et leurs modes de vie pour créer une civilisation nouvelle et diversifiée. Les Romains ont transformé la culture de ces lieux en construisant de grands édifices à Dougga, Bulla Regia et El Djem. Ils ont également créé des voies de communication pour protéger et étendre leur empire et faciliter les échanges commerciaux. Cependant, ces routes ont également permis à la culture, aux idées et à la religion de circuler librement et de se mélanger à celles des populations indigènes. Le mélange des religions et l'union des dieux avec les fidèles indigènes ont donné naissance à une nouvelle religion assez hétéroclite. Les Romains ont utilisé des systèmes complexes d'irrigation et de terrassement qui ont favorisé l'économie agricole et la productivité, ce qui a contribué à leur succès. Enfin, la diffusion de la philosophie et de l'éducation romaines a conduit à la création d'une classe éduquée, familière avec la littérature et la philosophie gréco-romaines. Cependant, l'influence des Romains ne se limitait pas à la culture qui valorisait l'argent, la philosophie et les études. Un certain nombre de cérémonies culturelles coexistaient encore avec les cérémonies romaines. Le fait que ces deux civilisations soient si distinctes l'une de l'autre a donné à la région un caractère unique.

La période d'échanges culturels et de romanisation a été un aspect majeur des changements qui allaient se produire dans l'histoire et l'identité tunisiennes.

L'essor du christianisme et les changements religieux

Le christianisme s'est développé en Afrique du Nord du Ier au IVe siècle après J.-C., pendant les périodes romaine et byzantine. Le christianisme, en tant que religion émergente au Levant, a commencé à se répandre dans la province romaine d'Afrique Proconsulaire, influençant indéniablement les normes culturelles et religieuses de la région. Le passage du paganisme au christianisme a entraîné une transformation radicale des mentalités individuelles et de la société dans son ensemble, influençant à la fois les secteurs religieux et politiques. Tertullien, Augustin d'Hippone et Cyprien ont joué un rôle extrêmement important dans la conversion des populations d'Afrique du Nord au christianisme. Ils ont travaillé d'arrache-pied pour rendre la théologie et la doctrine chrétiennes plus accessibles. À cette époque, de grandes basiliques ont été construites, de nouvelles parties de l'Église ont été créées et de nouveaux types d'art chrétien ont vu le jour. Ces développements témoignaient de l'évolution de la vie religieuse dans la région.

À mesure que la communauté chrétienne s'agrandissait, il devenait plus difficile d'interagir avec les anciennes religions romaines. Cela entraînait généralement une longue période de conflits et d'assimilation. La communauté, de plus en plus importante, mettait l'accent sur l'ascétisme et le monachisme chrétiens, axés sur la croissance spirituelle. Ceci, associé au reste de la société, a contribué à créer un élément important et durable de la dévotion chrétienne. Le IVe siècle a commencé avec la nouvelle enthousiasmante que l'empereur Constantin était devenu chrétien. C'était également la première fois qu'un empereur reconnaissait le christianisme, mettant ainsi fin à une période de persécution des chrétiens par l'empire. Le christianisme entra alors dans une période caractérisée par un soutien financier et des dépenses, ainsi que par la monopolisation des privilèges ecclésiastiques et le pouvoir théocratique. Cela facilita la tenue du premier concile de Nicée en 325 après J.-C. L'objectif de cette réunion était d'établir la vérité chrétienne et la paix dans la doctrine. Le mélange du christianisme et de sa popularité dans les juridictions romaines a conduit à une période de coopération et de conflit qui a défini l'autorité et les pratiques religieuses politiques et civiques au niveau communautaire. L'histoire du christianisme en Afrique du Nord montre comment différentes religions et civilisations peuvent travailler ensemble d'une manière à la fois théologiquement avancée et politiquement active. Il s'agissait d'un événement unique en son genre qui a transformé la façon dont les gens concevaient la religion et la théologie dans la région. Ses successeurs actifs ont perpétué sa mémoire pendant des générations.

Les effets et les modifications apportées au gouvernement par l'Empire byzantin

Les Ve, VIe et VIIe siècles ont été déterminants dans l'histoire de la région, car ils ont été marqués par des changements dans la manière dont les affaires étaient administrées et gouvernées. La période byzantine a été la plus importante. Elle a débuté avec la chute de l'Empire romain d'Occident et s'est étendue jusqu'à englober les régions nord-est de l'Afrique du Nord, telles que l'actuelle Tunisie. Les empereurs byzantins ont considérablement transformé l'administration de la Tunisie en renforçant le pouvoir de l'autorité centrale et en instaurant des règles strictes sur le mode de vie des citoyens à travers le droit byzantin. Les systèmes administratifs byzantins ont rendu la région plus efficace et plus uniforme en mettant davantage l'accent sur les procédures que sur les résultats. Au cours de la période byzantine, le christianisme s'est développé, ce qui a contribué à la construction de systèmes sociaux et institutionnels et a conduit à la séparation des pouvoirs religieux et séculiers. Le modèle byzantin a mis en place un système de gouvernement laïc qui fonctionnait bien avec le christianisme. Cela a rendu le système administratif plus stable et plus pacifique. L'Empire byzantin a également modifié ses pratiques juridiques lorsque l'empereur Justinien a codifié le droit romain. Comme personne n'était responsable de l'ensemble des règles, le système juridique avait beaucoup de pouvoir sur la propriété, les contrats et les devoirs civiques. Cela a rendu le système judiciaire plus stable et plus facile à comprendre.

Les Byzantins ont laissé un héritage qui a eu un impact important sur la création et l'établissement des villes. Cela comprenait la construction d'églises, de travaux publics et de structures défensives. Ces œuvres de l'époque byzantine font partie de la culture et de l'histoire de la Tunisie, c'est pourquoi elles sont conservées et étudiées. L'époque byzantine en Afrique du Nord a été difficile. La région a connu des invasions et des guerres à l'intérieur de ses propres frontières. La culture byzantine a eu une grande influence sur l'histoire et l'administration de la Tunisie.

Les premières conquêtes islamiques et leur impact sur la région

Les premiers musulmans à arriver en Méditerranée et en Afrique du Nord ont fixé les frontières de ces régions. Le califat rashidun, une nouvelle foi islamique, a commencé à se développer après la mort du prophète Mahomet en 632. Ses disciples ont été les premiers à repousser ses frontières. Les dirigeants des empires byzantin et sassanide ont transmis la nouvelle religion au peuple. Abu Bakr et Umar ont supervisé la propagation de l'islam et l'extension des frontières aux régions autour des empires byzantin et sassanide.

La conquête de l'Égypte en 641 est importante, car elle a mis fin à la domination byzantine dans la région et a marqué le début de la gouvernance arabe et de la prolifération de l'islam. Ces changements ont non seulement eu un impact sur le fonctionnement du gouvernement dans la région, mais ils ont également eu un effet considérable sur les facteurs sociaux, économiques et démographiques. L'empire islamique s'est renforcé en conquérant davantage de terres et de territoires. L'empire a hérité de la religion islamique, des systèmes juridiques et du contrôle administratif de ces nouvelles régions, ce qui a contribué à l'établissement d'une civilisation islamique nouvelle et très différente.

Les conquêtes ont également permis la diffusion des systèmes communautaires et tribaux arabes dans d'autres pays, ce qui a conduit à l'émergence de nouvelles organisations politiques et sociales. La conquête islamique de l'Afrique du Nord, en particulier de Carthage en 698, a marqué la fin de la domination romaine et byzantine et le début de la domination islamique dans la région. Les peuples berbères de la région ont contribué à enrichir la culture islamique, et en retour, la civilisation islamique a amélioré la vie des peuples berbères en combinant les cultures et les langues. L'islamisation de l'Afrique du Nord a également joué un rôle crucial dans l'influence de domaines culturels tels que la religion, l'art et la philosophie. Elle a également entraîné des changements importants dans les structures physiques telles que les mosquées et les arts décoratifs islamiques.

Les premières conquêtes islamiques ont laissé derrière elles de nombreux vestiges qui subsistent encore aujourd'hui, comme l'utilisation de l'arabe, le respect de la loi islamique et même les doctrines religieuses. De plus, le fait que la société était composée de personnes d'origines ethniques et religieuses variées a contribué au développement de groupes ouverts à différentes idées. Tous ces éléments ont conduit aux conquêtes islamiques, qui ont eu un impact considérable sur les civilisations de la région, en particulier en Afrique du Nord et en Méditerranée. Ces civilisations ont favorisé des contacts culturels étendus.

L'essor de l'islam et la domination arabe

L'arrivée de l'islam a été l'un des événements les plus importants qui se soient produits en Tunisie pendant la domination arabe. Elle a profondément bouleversé l'histoire de la région. Le califat islamique s'est considérablement étendu au VIIe siècle grâce aux conquêtes islamiques, comme celle de la Tunisie. Outre la nouvelle foi, les rois arabes ont introduit de nouvelles façons de faire et de gérer les affaires. Ils ont profondément transformé l'économie, la société et la culture. L'introduction de la charia a radicalement changé les normes morales et juridiques, modifiant l'ensemble du système juridique et les valeurs de la société.

Le territoire du Dominus Arabicus a fait de la Tunisie un lieu où la religion et la langue arabe occupaient une place particulièrement importante. Cette transition historique a réuni et transformé à la fois les Arabes musulmans et les Berbères indigènes, ainsi que ceux qui avaient été romanisés. Des personnes issues de différentes civilisations ont imaginé de nouveaux rituels ingénieux, inspirés par le mélange des cultures.

La nouvelle identité tunisienne s'est construite à partir des traditions berbères, romaines, arabes et islamiques. Elle a réuni tous ces éléments pour créer un caractère tunisien unique, avec une culture et un mode de vie que l'on ne trouve que dans cette région. La société tunisienne est devenue pluraliste en mélangeant l'islam avec de nombreuses autres religions et traditions culturelles. Les personnes qui y vivaient entretenaient des liens qui ont favorisé cette tolérance. La Tunisie n'a pas beaucoup souffert, car l'islamisation de la région a commencé par se concentrer sur la conversion des musulmans. La nouvelle règle a modifié la culture de la société en mélangeant la Regia Arabica avec des formes architecturales indigènes. La culture valorisait l'art et l'éducation, comme en témoigne la création de nouvelles écoles. De nombreux rationalistes, philosophes et théologiens ont été attirés par cette nouvelle forme d'organisation de la société, fondée sur l'érudition et inspirée par les écoles islamiques avancées et bien établies. Cette concentration a permis de maintenir en vie des œuvres sophistiquées dans les domaines de la philosophie, de la médecine, de l'architecture, des mathématiques et de l'astronomie, ainsi que de nouvelles façons d'aborder l'astronomie.

Lorsque les Arabes ont pris le pouvoir et que l'islam est arrivé en Tunisie, ce fut un moment crucial qui a rendu la société tunisienne plus complexe et diversifiée. Des personnes de cultures, de religions et de races différentes cohabitaient pacifiquement dans cette civilisation. Cette période de l'histoire a marqué le début de la civilisation tunisienne, qui combinait de manière unique les anciennes coutumes et les effets durables de l'islam.

Synthèse culturelle et diasporas

Beaucoup de choses se sont produites dans le monde et dans la région à cette époque. L'islam s'est étendu à la Tunisie après la prise du pouvoir par les Arabes. Ce mouvement a déclenché un changement culturel complet, les traditions byzantines, locales et islamiques se mélangeant en Tunisie. De plus, l'émergence de ces pratiques et traditions culturelles distinctes au sein de l'islam a conduit à la formation d'une nouvelle civilisation. Les populations autochtones et islamiques ont accueilli avec enthousiasme et célébré cette nouvelle culture, qui était un signe de bienveillance et de diversité culturelle. Toutes les différentes composantes de la société étaient reliées entre elles. La Tunisie était une ville portuaire où se côtoyaient des personnes de cultures très diverses. Elle était située au carrefour de diverses routes maritimes traversant l'Atlantique et la Méditerranée. Cela a favorisé l'expansion du commerce. À cette époque, les diasporas jouaient un rôle particulièrement important dans le transport des marchandises et la transmission des idées, des croyances et des pratiques culturelles dans toute la Tunisie. Le christianisme et le judaïsme, ainsi que leurs adeptes, ont conclu des accords avec la civilisation islamique qui reconnaissaient et modifiaient plusieurs de leurs pratiques. De ce fait, il existait un lien étroit entre la culture islamique et la culture occidentale. De nouvelles idées ont également vu le jour et la culture s'est développée tout au long de cette période. Leur littérature, leur architecture et leur musique témoignaient de la qualité de leur collaboration.

Le mélange des différentes cultures a donné naissance à un art plus sophistiqué et a mis en évidence la manière dont différents groupes de personnes travaillaient ensemble. En outre, les nouvelles écoles et les nouveaux centres de recherche qui ont vu le jour sont devenus des lieux où des personnes du monde entier pouvaient apprendre les unes des autres et partager leurs idées. La culture et la civilisation tunisiennes sont encore aujourd'hui influencées par cette période. Les effets de l'intégration culturelle et des liens diasporiques sont toujours évidents et forts dans la langue, la cuisine et les coutumes qui sont désormais répandues et considérées comme faisant partie de la culture nationale. Le temps consacré à la promotion de la tolérance et de la diversité a renforcé la stabilité sociale et l'unité en Tunisie, démontrant ainsi l'impact que peuvent avoir l'intégration culturelle et régionale.

Structures socio-économiques en mutation

Entre la domination romaine et la domination islamique en Tunisie, les institutions sociales et économiques de la région ont connu de nombreux changements qui ont préparé le terrain pour une expansion future. La nouvelle domination arabe et islamique en Tunisie a entraîné des modifications qui ont contribué aux changements survenus lorsque les Romains ont pris le pouvoir.

Au cours de la période de transition, les dirigeants arabes ont introduit de nouvelles cultures et technologies d'irrigation, qui ont transformé les méthodes agricoles. Ces nouvelles pratiques, associées aux idéaux économiques islamiques, ont favorisé l'essor du commerce et l'émergence de bourgs. L'islam s'est également répandu vers le sud. Le développement des routes a stimulé le commerce et élargi le réseau à travers le monde islamique, ce qui a contribué à la croissance économique et culturelle. La période de transition a également été marquée par des changements dans la manière dont les terres étaient réparties et utilisées. Les nouveaux dirigeants de la région ont influencé les méthodes agricoles en modifiant la répartition et la propriété des terres.

Ces changements ont donné naissance à un nouvel ordre social et politique qui s'apparentait à certains égards au système féodal. Ils ont finalement utilisé l'argent et le pouvoir politique dont ils disposaient pour établir leurs hiérarchies sociales. La nouvelle loi islamique et l'islamisation financière ont été les éléments les plus importants de l'économie et de la manière dont les fonds publics étaient dépensés. Le système bancaire fiscal islamique a fourni des fonds qui ont été utilisés pour la construction, les travaux publics et l'amélioration des programmes sociaux, ce qui a amélioré le bien-être général de la population. L'émergence de nouvelles institutions communautaires a transformé la dynamique démographique de la région sur le plan spirituel. La présence de colons arabes et musulmans et la construction d'institutions islamiques ont contribué à la diversité ethnique et religieuse. La diversité qui en a résulté a conduit à un mélange de nouvelles pratiques culturelles qui ont renforcé l'identité tunisienne.

Pendant la période de transition, l'architecture islamique et d'autres améliorations des infrastructures ont remodelé les villes, tant sur le plan physique que social. C'est ainsi qu'ont vu le jour les centres urbains. Lors de la construction des villes tunisiennes, les architectes ont combiné les styles romain et byzantin avec la culture islamique. Ils ont également accordé une attention particulière aux nouvelles idées et méthodes, ainsi qu'aux améliorations en matière d'urbanisme et de conception des bâtiments. L'économie et la société tunisiennes ont considérablement changé lorsque le pays est passé de la domination romaine à la domination islamique. C'était une époque où les idées nouvelles étaient très bien accueillies. L'économie tunisienne s'est développée grâce à la synergie entre l'agriculture, le commerce et les systèmes juridiques et sociaux. Cela a rendu le pays plus diversifié sur le plan culturel. Cela est devenu l'élément le plus important du passé de la Tunisie.

★★★

Références pour approfondir le sujet

1. Les guerres puniques et la conquête romaine de Carthage

Goldsworthy, Adrian. *La chute de Carthage : les guerres puniques 265-146 av. J.-C.* Cassell, 2006.

Lancel, Serge. *Carthage : une histoire.* Traduit par Antonia Nevill. Blackwell Publishing, 1995.

Warmington, B. H. *Carthage.* Robert Hale, 1960.

2. L'Afrique romaine (histoire générale, économie, société et culture)

Mattingly, David J. *An Imperial Possession: Britain in the Roman Empire, 43-409 AD.* Penguin Books, 2006.

Mattingly, David J. *Tripolitania.* University of Michigan Press, 1995.

Cherry, David. *Frontier and Society in Roman North Africa.* Oxford University Press, 1998.

Raven, Susan. *Rome in Africa.* 3e éd. Routledge, 1993.

Whittaker, C. R. *Frontiers of the Roman Empire: A Social and Economic Study.* Johns Hopkins University Press, 1994.

3. Le christianisme primitif en Afrique du Nord

Frend, W. H. C. *L'Église donatiste : un mouvement de protestation en Afrique du Nord romaine.* Oxford University Press, 1952.

Tilley, Maureen A. *La Bible dans l'Afrique du Nord chrétienne : le monde donatiste.* Fortress Press, 1997.

Brown, Peter. *Augustin d'Hippone : une biographie*. University of California Press, 2000.

Barnes, Timothy D. *Tertullien : une étude historique et littéraire*. Oxford University Press, 1971.

4. La domination byzantine en Afrique du Nord

Diehl, Charles. *L'Afrique byzantine : Histoire de la domination byzantine en Afrique (533-709)*. Ernest Leroux, 1896. (Ouvrage classique, bien que daté, très complet)

Cameron, Averil. *The Mediterranean World in Late Antiquity, AD 395-600*. Routledge, 1993.

Procopius. *Histoire des guerres, livres III et IV (La guerre vandale)*. Traduit par H. B. Dewing. Harvard University Press, 1916-1940 (Loeb Classical Library).

5. Les premières conquêtes islamiques et la domination arabe en Afrique du Nord

Brett, Michael. *Islam and Colonialism: Western Perspectives on North Africa: A Handbook of Historical Sources*. Routledge, 2014.

Brett, Michael. *L'ascension des Fatimides : le monde de la Méditerranée et du Moyen-Orient au IVe siècle de l'Hégire, Xe siècle de notre ère*. Brill, 2001.

Hrbek, Ivan (éd.). *Histoire générale de l'Afrique, vol. III : L'Afrique du VIIe au XIe siècle*. UNESCO, 1992.

Kennedy, Hugh. *Les grandes conquêtes arabes : comment la propagation de l'islam a changé le monde dans lequel nous vivons*. Da Capo Press, 2007.

Abun-Nasr, Jamil M. *Une histoire du Maghreb à l'époque*

islamique. Cambridge University Press, 1987.

6. Synthèse culturelle et structures socio-économiques en mutation

Braudel, Fernand. *La Méditerranée et le monde méditerranéen à l'époque de Philippe II*. Traduit par Siân Reynolds. University of California Press, 1995.

Lapidus, Ira M. *Une histoire des sociétés islamiques*. 3e éd. Cambridge University Press, 2014.

Savage, Elizabeth (éd.). *La marchandise humaine : perspectives sur la traite transsaharienne des esclaves*. Frank Cass, 1992.

3
Autonomie ottomane et État précolonial
(1574–1881)

Contexte historique et montée en puissance de l'influence ottomane

En ce qui concerne l'Afrique du Nord, l'expansion de l'Empire ottoman a constitué la première étape d'une importance historique majeure pour la région et s'est accompagnée de nombreux objectifs politiques et stratégiques complexes. Au cours du XVIe siècle, l'Empire ottoman a tenté d'étendre son pouvoir au-delà de l'Anatolie et des Balkans vers les régions riches de l'Afrique du Nord. Cette mission était motivée par l'ambition ottomane de contrôler des routes importantes, d'acquérir des ressources précieuses et d'influencer le commerce en Afrique du Nord. Il visait également à contrebalancer la domination des autres puissances européennes et à maintenir son contrôle sur les voies navigables cruciales. Il était également important pour l'Empire d'établir des bases avancées afin de soutenir ses opérations en Méditerranée, de projeter sa puissance et de protéger son commerce. Les régions de l'actuelle Tunisie, de l'Algérie et de la Libye, qui passèrent sous contrôle ottoman, modifièrent la structure politique de la région. Ce fut la première étape vers la mise en place du contrôle administratif et interne nécessaire au maintien de l'efficacité administrative ottomane à l'extérieur.

Grâce au contrôle des alliances avec certaines élites indigènes et diverses unités tribales, les Ottomans ont exercé leur pouvoir sur le territoire avec maîtrise et aisance, tout en maintenant la stabilité et en ignorant les complications liées à la gouvernance. Au cours de cette période, un mélange particulier de techniques de gouvernance indigènes et ottomanes s'est développé, influençant de manière significative les questions sociopolitiques de la région. De plus, l'expansion de l'Empire ottoman en Afrique du Nord a eu d'autres effets considérables sur l'échange et l'intégration des cultures. L'arrivée des Ottomans, avec leurs coutumes et leurs traditions, a entraîné une interaction avec les coutumes, les langues et même les croyances locales, donnant lieu à un réseau complexe de relations culturelles. L'impact de l'interaction entre la culture indigène et l'Empire ottoman qui s'ensuivit a même influencé les aspects culturels de l'Afrique du Nord et modifié son identité et son patrimoine. La culture africaine, avec ses éléments variés qui ont dominé pendant la période ottomane, a également influencé de manière substantielle les autres régions sous l'Empire ottoman, en plus d'enrichir les connaissances artistiques et architecturales de la région et le flux d'idées. Le cas de l'Afrique du Nord n'est pas aussi simple qu'il n'y paraît ; pour certains, il s'agit d'un riche récit illustrant l'utilisation pratique de l'ambition politique, ainsi que d'autres éléments stratégiques ottomans, associés à une gouvernance adaptative et à une gestion habile de la synthèse des cultures.

Il est important d'analyser les relations que l'Empire ottoman entretenait avec les populations indigènes de la région en raison de l'héritage que cette unité d'étude nous laisse, ainsi que de l'importance accordée aux événements qui ont suivi dans l'histoire de l'Afrique du Nord.

Structures de gouvernance : l'autonomie sous la domination ottomane

Outre l'autonomie de l'Empire dans son ensemble, le règne du Bey, gouverneur de la province, a permis de maintenir les coutumes et l'ordre en Tunisie, tout en collectant les impôts pour les Ottomans. Ce type d'autonomie a permis une gouvernance locale importante, le Bey n'exigeant que le « chef de l'administration provinciale » pour répondre à ses ordres. Par rapport au reste des structures juridiques et administratives de l'Empire, la Tunisie a pu conserver les siennes. Grâce aux fonctionnaires locaux qu'il pouvait nommer et au contrôle constant qu'il exerçait sur le commerce local, les pouvoirs du Bey semblaient absolus. Cette autonomie particulière résultait d'un mélange de relations sociales et politiques visant à renforcer l'influence ottomane, ainsi que de la continuité du pouvoir indigène.

La domination ottomane et la gouvernance autonome ont eu un impact sur les pratiques culturelles et religieuses en Tunisie. Soucieux de préserver les coutumes de la région, les dirigeants ottomans étaient déterminés à maintenir leur contrôle sur la province. Leur approche a permis de minimiser la dilution de l'identité et du patrimoine tunisiens dans le cadre impérial. L'autonomie dont jouissait la province pendant la période ottomane a favorisé le développement d'un esprit de résilience et d'adaptabilité chez les Tunisiens. Les dirigeants locaux, ainsi que les élites, jouaient un rôle essentiel dans la gestion des activités quotidiennes de la population et la satisfaction de ses besoins. En tant que dirigeants, ils ont souvent plaidé auprès des représentants ottomans pour la protection des intérêts de la province. Leur plaidoyer auprès de la domination ottomane a progressivement renforcé l'autonomie et permis un certain niveau d'autogouvernance dans la réglementation interne et le contrôle économique. Leur plaidoyer auprès de la domination ottomane a progressivement renforcé l'autonomie et permis un certain niveau d'autogouvernance dans la réglementation interne et le contrôle économique. L'autonomie accrue de la Tunisie a donné lieu à des structures sociopolitiques distinctes au sein du pays. Les conseils locaux, les instances religieuses et les affiliations tribales ont eu une influence considérable sur les processus de gouvernance. La domination et le contrôle ottomans, associés aux structures de pouvoir autonomes de la Tunisie et à l'équilibre des pouvoirs qu'elles procuraient, ont conféré à cette région un type de gouvernance distinct et inhabituel pendant plus de 100 ans. La domination coloniale tunisienne sous le règne ottoman a eu un impact significatif.

Les structures de gouvernance de la période ottomane témoignent d'un équilibre des pouvoirs et d'une décentralisation de l'autorité, compte tenu de la complexité de la domination impériale et de la survie des systèmes nationaux au-delà de l'influence des éléments étrangers.

Dynamiques sociopolitiques et élites indigènes

La période d'autonomie ottomane en Tunisie a été marquée par des interactions sociopolitiques complexes entre les élites locales et les seigneurs ottomans. Au sein de la région, la classe élitaire indigène, composée de chefs tribaux influents, de riches propriétaires terriens et d'administrateurs locaux, a joué un rôle central dans le maintien de l'ordre et de la stabilité. En tant qu'intermédiaires entre le gouvernement ottoman provincial et la population, elle exerçait une grande influence et un pouvoir considérable. Sa collaboration avec les Ottomans a facilité le maintien des structures sociopolitiques et de la gouvernance traditionnelles, assurant ainsi une apparence de stabilité face aux bouleversements politiques extérieurs. Néanmoins, les élites locales devaient trouver un équilibre entre les complexités des changements politiques, où elles devaient prouver leur loyauté à l'Empire ottoman tout en poursuivant leurs propres intérêts et leur autonomie. Ces équilibres sociopolitiques fragiles ont souvent conduit à des luttes de pouvoir et à des négociations complexes qui ont caractérisé le paysage sociopolitique précolonial de la Tunisie. Cette élite locale a également contribué à la prospérité économique et au développement culturel de la région. Son mécénat dans les domaines des arts, de la littérature et de l'architecture a favorisé le développement culturel de la société, et l'héritage intellectuel et créatif de la Tunisie est encore visible aujourd'hui.

Les élites indigènes ont dû faire face à des défis liés à leur statut. Les structures bureaucratiques émergentes et les autorités centralisées ont examiné de plus près les pressions internes et externes au sein de l'Empire ottoman. Les disparités de pouvoir et de contrôle entre les Ottomans ont entravé les premières étapes des changements importants dans la structure sociopolitique de la Tunisie. Les prochaines théories évolutionnistes aborderont ces changements et leurs effets sur les relations politiques et historiques de la Tunisie ainsi que sur son développement national et étatique.

Le rôle du commerce et des transformations économiques

La période d'indépendance ottomane en Tunisie a été marquée par des changements radicaux dans le commerce et d'autres activités économiques. Ceux-ci ont joué un rôle crucial dans le façonnement et la transformation du paysage politique et social de la région. Tunis occupait alors une position stratégique en tant que centre du commerce méditerranéen. À cette époque, la Tunisie occupait une position stratégique et centrale dans le commerce méditerranéen. La fusion de l'Europe, de l'Asie et de l'Afrique a entraîné une avalanche de produits qui ont diversifié les activités commerciales de la Tunisie. En conséquence, il existait des centres dynamiques de commerce et de production artisanale. Les marchands tunisiens ont établi des routes commerciales complexes qui les reliaient à des populations de pays lointains.

Les Ottomans, ainsi que d'autres dirigeants, ont développé et modernisé leurs économies, notamment dans le domaine agricole. Des innovations en matière d'irrigation et de culture ont permis d'augmenter la productivité des exploitations agricoles et des cultures commerciales telles que les olives, le blé et l'orge, qui étaient cultivées non seulement pour satisfaire les besoins nationaux, mais aussi pour servir de marchandises d'échange avec les autres États limitrophes et même avec les puissances européennes. Le commerce agricole s'est également développé à plus grande échelle, ce qui a considérablement renforcé les liens économiques entre l'Empire ottoman et les marchés au-delà de la Méditerranée.

Outre leurs forces militaires et navales, les Ottomans ont également renforcé leur intégration et leurs liens avec les routes financières de la soie. Le développement des réseaux financiers et l'intégration avec les routes de la soie ont facilité les flux de crédit, les échanges monétaires et les mécanismes d'investissement réglementés, ce qui a non seulement ouvert de nouvelles frontières commerciales, mais aussi renforcé les institutions financières locales et les partenariats commerciaux financiers, favorisant ainsi la croissance entrepreneuriale. L'empire commercial ottoman, très flexible, a également favorisé le développement du commerce en Méditerranée, et les nouvelles avancées dans le domaine naval et de la construction navale ont stimulé le commerce au-delà de la Méditerranée. Les nouveaux changements économiques et sociaux ont entraîné une modification de la structure sociale de l'Empire, créant une puissante élite marchande et commerciale, tandis que de nouveaux centres urbains ottomans ont vu le jour, transformant l'ancienne culture en une culture urbaine cosmopolite et favorisant l'émergence de nouvelles normes sociales.

En conclusion, les provinces tunisiennes de l'Empire ottoman ont joui d'une autonomie pendant de nombreuses années, et pendant cette période, la Tunisie a connu des changements économiques extrêmes en raison du fait que la province est devenue un centre majeur du commerce méditerranéen. Cette croissance économique a permis à la Tunisie d'atteindre de nouveaux niveaux de sophistication dans les domaines du commerce, de l'agriculture et de la finance, qui ont façonné les structures économiques et sociétales du pays, renforçant ainsi la région.

Influences culturelles et développements institutionnels

Les influences culturelles et la mise en place d'institutions ont contribué à guider l'autonomie ottomane ainsi que l'État précolonial en Tunisie entre 1574 et 1881. La région a été profondément influencée par divers courants culturels interdépendants : indigène, ottoman et méditerranéen. Nous nous concentrons ici sur les manifestations spatiales des interactions culturelles et la mise en place d'institutions culturelles qui en a résulté.

Le mélange des influences culturelles islamiques, arabes, berbères et ottomanes a donné naissance à un ensemble unique de traditions, de coutumes et de pratiques sociales. Ces influences culturelles étaient particulièrement visibles dans la forme de gouvernance et d'administration, qui a abouti au mélange des coutumes indigènes locales avec les cadres institutionnels ottomans.

Outre l'art, l'architecture et les caractéristiques linguistiques ont contribué au développement d'une identité culturelle tunisienne distincte qui la différenciait du reste de l'Empire ottoman. L'impact de ces contacts culturels s'étend à divers domaines, notamment le droit et l'éducation, comme en témoigne la combinaison du droit islamique et du droit ottoman traditionnel. Le mélange de ces cultures interdépendantes a donné naissance à un système juridique qui reflétait les caractéristiques des cultures mixtes. Ce cadre a servi de base à la gouvernance et à la justice, reflétant les cultures mixtes.

Affaires militaires : Armées locales et stratégies défensives

Pendant la période d'autonomie des Ottomans et l'État précolonial de Tunisie, la mosaïque militaire était complexe, comprenant des armées locales et des systèmes de défense pour protéger la région. Les populations indigènes et les mercenaires étrangers formaient les armées locales. Les Ottomans utilisaient des armées locales composées de nombreuses ethnies et religions pour aider à la défense des frontières intérieures et extérieures. Les Ottomans s'appuyaient sur ces groupes ethniques et religieux uniques et diversifiés en raison de leur connaissance supérieure du terrain et des tactiques de guerre. Ils savaient comment protéger les intérêts ottomans en Afrique du Nord. Les stratégies de défense employées pendant cette période comprenaient diverses améliorations. Ils disposaient de fortifications avancées. Les stratégies de défense comprenaient à la fois des mesures défensives côtières et des techniques avancées de guerre navale. La position relative des chaînes de forts le long des principales routes maritimes, ainsi que le bois qui sert de principale chaîne défensive en mer, indiquent l'importance de sécuriser l'accès à la mer. Les mesures défensives prises visaient à protéger la région et à maintenir son importance économique.

En outre, l'appareil militaire faisait partie de la structure du pouvoir plus large de l'Empire ottoman, qui équilibrait systématiquement l'autorité centrale et la liberté locale. La consolidation des opérations militaires, de la logistique et de l'approvisionnement était intégrée non seulement dans la gouvernance, mais aussi dans les capacités administratives complexes de l'élite. L'évolution du contexte géopolitique en Europe et les intérêts coloniaux croissants ont nécessité une évolution significative des formes et des méthodes de défense. Les pressions exercées par les puissances européennes sur les frontières de l'empire ont justifié une introspection plus approfondie sur ses défenses, conduisant finalement à la modernisation du génie militaire et infrastructurel et à l'application de tactiques de repos. La synthèse des armées locales, des stratégies de défense et des changements dans les relations sociopolitiques reflète la nature complexe des opérations militaires à l'époque de l'autonomie ottomane. Comprendre la délicatesse des relations, des rivalités et des besoins stratégiques renvoie à l'histoire militaire de la Tunisie et à la profondeur des relations et aux effets durables de l'indépendance.

Systèmes juridictionnels et traditions juridiques

Au cours de la période d'autonomie ottomane, des progrès significatifs ont été réalisés en matière de systèmes juridictionnels et de traditions juridiques en Tunisie. Cette période a été marquée par un fort conglomérat de pratiques juridiques locales et l'adoption des systèmes juridiques ottomans.

Les Ottomans ont instauré leur propre structure juridique. Cependant, dans de nombreuses régions de Tunisie, le droit coutumier restait prédominant. Une caractéristique notable de cette époque était la présence d'un pluralisme juridique important. Si le droit islamique constituait la pierre angulaire du système juridique, les méthodes indigènes de résolution des conflits et les coutumes sociales jouaient un rôle crucial dans le règlement des affaires locales. Le dualisme qui en résultait a donné naissance à un système juridique complexe. Il existait des traditions juridiques où le droit coutumier et le droit religieux coexistaient et, dans certains cas, étaient en conflit. En outre, les dirigeants ottomans ont mis en place un système hiérarchique de tribunaux pour rendre la justice et maintenir le contrôle. Les tribunaux religieux traitent les affaires civiles et pénales, tandis que les tribunaux de la charia traitent les questions familiales et religieuses. Ce système de subdivisions juridiques a formé une mosaïque juridique caractéristique de la Tunisie avant la domination coloniale. L'ère ottomane a marqué une étape importante dans la systématisation et la rédaction des normes juridiques. La collecte de documents et de textes juridiques visait à unifier la pratique juridique et à normaliser l'interprétation des lois.

L'un des résultats positifs est que les normes juridiques et les précédents documentés ont formalisé les traditions juridiques dans le contexte tunisien et ont progressivement reconstruit le cadre juridique. Les traditions juridiques qui ont émergé pendant la période d'autonomie ottomane ont également montré l'impact du droit islamique et de l'école malikite. Le droit islamique progressiste, parallèlement aux systèmes juridiques locaux, témoignait du climat juridique actif que connaissait alors la Tunisie. Ces traditions et instruments juridiques ont déterminé non seulement les systèmes juridiques, mais aussi les systèmes sociopolitiques de la Tunisie.

En résumé, pendant la période d'autonomie ottomane en Tunisie, de nombreuses traditions juridiques et systèmes juridictionnels ont vu le jour, dont les caractéristiques dominantes étaient le droit islamique, les traditions locales et le système juridique ottoman. La fusion de ces éléments a créé un système juridique complexe qui a servi de base au développement des systèmes juridiques futurs. La valeur de ces traditions juridiques permet d'illustrer la complexité de la justice tunisienne pendant la période précoloniale, ce qui permet de comprendre les traditions du droit tunisien qui ont survécu jusqu'à nos jours.

Hiérarchies sociales et structures de classe

À l'époque ottomane, la Tunisie était une société caractérisée par de nombreuses hiérarchies et structures de classes, qui influençaient la dynamique sociale du pays.

La classe dirigeante, qui occupait le sommet de la hiérarchie sociale, comprenait les fonctionnaires ottomans et les élites locales, qui détenaient des pouvoirs considérables. Le contexte social et économique... Dans cet ordre social complexe, la richesse et la lignée privilégiée de la classe dirigeante lui permettaient de revendiquer des honneurs « sociaux » et « publics », la plaçant au sommet de la société aux côtés des aristocrates, des propriétaires terriens et des marchands éminents de la classe supérieure. Elle ignorait totalement la structure sociale à laquelle adhéraient ses successeurs. Les artisans et les paysans constituaient le niveau le plus bas de cet ordre social irrespectueux. Les couches inférieures se trouvaient profondément enlisées dans un silence pesant, fait de reproches et d'abnégation, tandis qu'elles subissaient la malnutrition et les mauvais traitements. En Tunisie, il existait un ordre social qui comprenait des hiérarchies définies par des caractéristiques « ethniques » et « religieuses », qui déterminaient le degré d'inclusion ou d'exclusion de chaque couche de la société pour ses membres. L'interaction entre divers Arabes, Berbères, Juifs et Chrétiens de religions et de cultures différentes a conduit à une relation complexe avec l'ordre social tunisien, dans lequel les nouveaux Tunisiens étaient colonisés.

En outre, les rôles des relations entre les sexes et les relations familiales ont joué un rôle crucial dans le maintien de la stratification sociale, car le système patriarcal et les liens familiaux ont contribué à perpétuer les anciens systèmes de domination sociale et politique. Au sein des systèmes sociaux susmentionnés, certaines personnes ont tenté de changer l'ordre social de l'intérieur en recourant à l'éducation, aux affaires et à l'activisme social. Ces activités ont entraîné des changements sociaux et certaines tensions sociales dans les anciens systèmes de classes en transformant la structure des classes et l'ordre social statique. Les analyses de l'ordre social et des systèmes de classes abordent l'histoire de la stratification en Tunisie, révélant la sophistication de la structure sociale de l'ancienne Tunisie, la répartition du pouvoir et les réalités vécues par de nombreuses classes sociales différentes. Les détails de la stratification sociale sont étroitement liés à l'histoire de la Tunisie ; ainsi, l'étude de la stratification sociale fournit un contexte pour l'histoire, la structure et les systèmes de domination de la Tunisie.

Défis à l'autorité : révoltes et rébellions

L'autonomie ottomane en Tunisie a connu plusieurs défis à son autorité pendant des siècles, à mesure que la société et la politique s'imprégnaient et s'entremêlaient de plus en plus avec les révoltes et les rébellions. Ces défis lancés aux Ottomans impliquaient des facteurs tels que l'économie, l'inégalité des classes sociales et l'absence d'autonomie, probablement dus à la domination étrangère. Ce phénomène était probablement dû au mécontentement des paysans, qui se sont rangés du côté des ouvriers urbains, leurs méthodes contredisant celles des dirigeants ottomans. De plus, de nombreuses tensions sociales tribales et régionales ont aggravé les explosions sociales, la désobéissance civile et la défiance. Ces explosions sociales de fureur et de rage ont commencé à devenir plus cohérentes, organisées et coordonnées, entraînant des soulèvements généralisés. Non seulement ces formes de résistance visaient à contester le pouvoir, mais elles cherchaient également à renforcer l'autonomie de gouvernance et un ordre sophistiqué au sein de la société.

En raison principalement des forces indomptables des révoltes et des rébellions, des mécanismes ont été mis en place pour établir un pouvoir sur l'autonomie religieuse et culturelle, les autochtones rejetant la plupart des forces extérieures liées à leur identité et à leur mode de vie. De nombreux leaders alternatifs et mouvements idéologiques ont éclipsé la prédominance de l'ordre social établi, les dirigeants au pouvoir étant remis en question. Au sein de ces mouvements, beaucoup ont remis en cause la légitimité de l'élite au pouvoir et ont proposé des systèmes de gouvernance alternatifs qui correspondaient aux aspirations du peuple.

Cependant, ces mouvements ne se limitaient pas à l'autorité politique ; ils englobaient souvent un large éventail d'actions d'autodéfinition et d'autonomie. L'Empire ottoman lui-même a été confronté à de nombreuses révoltes et rébellions qui ont été contrées, le plus souvent, par une combinaison de force militaire écrasante, de diplomatie subtile, d'alliances soigneusement construites et de négociations habiles afin de réprimer les troubles et de maintenir un semblant d'autorité. La force et la résilience de l'opposition ont toutefois révélé les défis et les difficultés profonds liés à la gouvernance d'une société multiforme et fluide. Toutes ces révoltes et rébellions qui ont eu lieu pendant cette période ont eu une influence significative sur l'histoire précoloniale de la Tunisie, car elles ont préparé le terrain pour les développements concernant la création d'un État, le nationalisme et la lutte contre la domination coloniale.

Émergence de la nation et de l'identité précoloniales

L'émergence de la nation et de l'identité précoloniales dans le contexte de l'État et de l'autonomie ottomane a eu une influence considérable sur l'histoire de la région. Le déclin du pouvoir au sein de l'Empire ottoman a donné lieu à l'affirmation de l'identité et à la revendication d'un sentiment distinct de nation par les communautés locales et les élites indigènes. L'État précolonial et l'autonomie ottomane de la région n'étaient toutefois pas exempts d'influences précoloniales et coloniales. L'interaction de ces activités était le résultat d'une multitude d'éléments, de facteurs et d'influences, dont certains étaient culturels, sociaux, politiques et économiques.

L'articulation des identités linguistiques et culturelles a été l'une des caractéristiques marquantes de cette émergence. Les communautés isolationnistes ont commencé à adopter les langues et les coutumes locales, constituant ainsi un « autre » extérieur. Cette réaffirmation culturelle a insufflé au grand public un nouveau sentiment de cohésion et d'ascendance commune, première étape dans la formulation de la nation. En outre, le commerce sans frontières et les activités économiques en réseau ont également contribué à affaiblir la matrice socioculturelle en développement de la nation émergente.

La circulation des biens commercialisables et l'échange d'idées ont relié les communautés et les régions isolées, jetant les bases de coutumes commerciales communes et d'une symbiose économique. Ces activités ont renforcé de manière positive le sentiment collectif d'appartenance à une nation parmi toutes les unités constitutives de la nation émergente. En fin de compte, le développement simultané de toutes ces caractéristiques a incité les élites autochtones à mener la mobilisation sociale et politique de leurs communautés, parallèlement à l'expression d'un imaginaire principalement populaire. Ces élites, mécènes des activités culturelles et intellectuelles, ont utilisé les traditions locales unifiées pour créer un objectif politique défini par un nouvel imaginaire imprégné d'une histoire et d'un destin communs. Les mythologies régionales transcendant les frontières locales et les traditions et histoires qui en constituaient le cœur ont été synthétisées de manière créative.

La perception de l'identité dans la période précoloniale

était, en partie, une réaction à la fois au contrôle et à la domination extérieurs, et l'émergence de la nation sur le territoire était étroitement liée à ces duels expansionnistes et colonisateurs pour accéder aux ressources de la région. Alors que les colonialistes européens se disputaient le contrôle de la région, les populations se sont mobilisées pour se défendre en défendant les symboles et les mythes communs du peuple. La dernière partie de ces développements a satisfait la thèse du « centrage du pouvoir politique » et la formation de l'identité, qui fait écho à l'idée du nationalisme tunisien. Le développement de l'identité et de la nation précoloniales, résultat d'évolutions multifacettes, est devenu le premier marqueur du discours anticolonial tunisien. Plus important encore, il a permis la formation d'une identité et d'une mémoire qui continuent aujourd'hui à façonner la perception moderne de la Tunisie.

Références pour approfondir le sujet

En arabe

Ahmed ibn Abi Dhiaf : Ethafu Ahl-i-ZZaman bi Akhbari Tunis wa 'Ahdi-l- Aman. [Divertir les gens de l'époque avec des nouvelles de Tunisie et de l'ère de la sécurité]. Al-Dar al-Tunisiyya Lil-Nashr (Maison d'édition tunisienne). Tunis, 1989. (8 volumes).

Histoires fondamentales et générales

1. Abun-Nasr, Jamil M. *A History of the Maghrib in the Islamic Period*. Cambridge University Press, 1987.

2. Julien, Charles-André. Histoire de l'Afrique du Nord : de la conquête arabe à 1830*. Édité par C.C. Stewart, Praeger, 1970.

3. Laroui, Abdallah. The History of the Maghrib: An Interpretive Essay. Princeton University Press, 1977.

Gouvernance, autonomie et État beylical

4. Brown, L. Carl. La Tunisie d'Ahmad Bey, 1837-1855. Princeton University Press, 1974.

5. Cherif, Mohamed-Hédi. Pouvoir et société dans la Tunisie de Husayn bin Ali (1705-1740). 2 volumes, Université de Tunis, 1986.

6. Mantran, Robert. « La Régence de Tunis au XVIIème Siècle ». Cahiers de Tunisie, vol. 12, 1956, pp. 1-20.

Histoire socio-économique et culturelle

7. Valensi, Lucette. À la veille du colonialisme : l'Afrique du Nord avant la conquête française. Africana Publishing Company, 1977.

8. Clancy-Smith, Julia. Méditerranéens : l'Afrique du Nord et l'Europe à l'ère des migrations, vers 1800-1900. University of California Press, 2011.

9. Larguèche, Abdelhamid. Les Ombres de la Ville : Pauvres, Marginaux et Minoritaires à Tunis (XVIIIème et XIXème

Siècles). Faculté des Sciences Humaines et Sociales de Tunis, 1999.

Histoire militaire, juridique et institutionnelle

10. Toumi, Mohsen. La Tunisie ottomane : institutions militaires et société (XVIe-XVIIIe siècles). Nirvana, 2014.

11. Ze'evi, Dror. Un siècle ottoman : le district de Jérusalem dans les années 1600. State University of New York Press, 1996.

12. Çizakça, Murat. Une évolution comparative des partenariats commerciaux : le monde islamique et l'Europe, avec une référence spécifique aux archives ottomanes. Brill, 1996.

Révoltes, identité et chemin vers le protectorat

13. Perkins, Kenneth J. A History of Modern Tunisia. 2e éd., Cambridge University Press, 2014.

14. Green, Arnold H. Les oulémas tunisiens, 1873-1915 : structure sociale et réponse aux courants idéologiques. Brill, 1978.

4
Rencontre coloniale et éveil national
(1881-1956)

Les effets de la dynamique coloniale

Les premières étapes du colonialisme en Tunisie ont constitué des événements historiques importants. Différents groupes sociaux ont réagi de différentes manières à la colonisation. Les Tunisiens autochtones étaient composés d'Arabes, de Berbères et d'autres groupes ethniques. Certains Tunisiens n'appréciaient pas les Français et ne s'intéressaient pas à eux. Ils estimaient que les Français nuisaient à l'économie et à la société, car ils s'appropriaient les terres et exploitaient la population. Les Français ont mis en place des systèmes administratifs en Tunisie pour protéger le pays, ce qui a révélé le caractère brutal et déshumanisant de leur colonialisme. Les habitants de la région se sont plaints de plus en plus. Les gens ne prêtaient pas non plus attention à leurs craintes que les autorités sociales et politiques ne prennent le pouvoir. Les réactions à la nouvelle dynamique politique se sont concentrées sur les pouvoirs sociaux et politiques, qui reposaient sur les systèmes sociaux et économiques du colonialisme. Les nouvelles règles indiquent clairement comment évoluer dans la société, comment s'impliquer dans la politique et comment être actif sur le plan politique et civique.

La colonisation a également eu un impact sur la communauté juive. Elle a affecté le sentiment d'identité de la communauté juive, suscitant des questions telles que « Qui suis-je ? », « Où est ma place ? » et « Ma vie vaut-elle la peine d'être vécue ? ». Il existe également des préoccupations liées à la loyauté qui peuvent amener les individus à réagir de manière très différente et très forte, selon l'endroit où ils se trouvent et la classe sociale à laquelle ils appartiennent. Les réactions au colonialisme dans différentes régions ont révélé un réseau complexe de relations façonnées par des facteurs sociaux, personnels, historiques et futurs. L'analyse des réactions au cours de cette période initiale permet de mieux comprendre la dynamique entre le colonisateur et le colonisé, dans le contexte socio-économique de la Tunisie, jetant ainsi les bases du mécontentement social et des mouvements de résistance qui ont suivi.

La création du protectorat français

Le protectorat français en Tunisie a été un événement historique majeur qui a profondément bouleversé la politique, la société et l'économie du pays. Le traité du Bardo a fait de la Tunisie un protectorat français en 1881. Ce traité a retiré au bey Husseinide la quasi-totalité de son pouvoir et de son contrôle sur les affaires militaires, financières et étrangères, le transformant en une marionnette du gouvernement colonial français. L'histoire politique de la Tunisie a alors changé.

La création du protectorat a entraîné des changements majeurs dans de nombreux domaines de la vie tunisienne. Les Français ont transformé l'économie agricole de Tunis en mettant l'accent sur l'exportation de cultures commerciales et de ressources naturelles. Ce plan a conduit à l'essor de l'agriculture commerciale sur de vastes étendues de terres, privant les Tunisiens de leurs terres et laissant nombre d'entre eux dans le dénuement. De plus, les politiques commerciales françaises injustes ont aggravé la situation en nuisant aux entreprises locales et en favorisant les entreprises françaises, ce qui a creusé encore davantage le fossé entre les deux économies. Le protectorat français a été la première étape de l'intégration sociale et culturelle de la Tunisie dans la domination française. La langue et la culture françaises ont été privilégiées, et le système scolaire a été modifié pour s'adapter aux normes françaises, ce qui a relégué au second plan l'héritage local de la Tunisie. L'objectif de la suppression du savoir indigène tunisien était de faire en sorte que les Tunisiens aient une mauvaise image de leur culture et de leur histoire. Le contrôle politique du protectorat signifiait que le gouvernement colonial détenait tout le pouvoir, ce qui impliquait que les Tunisiens n'avaient pas leur mot à dire dans la gestion des affaires. Le gouvernement français a pris le contrôle de l'appareil administratif censé assurer le bon fonctionnement de la domination coloniale. Il n'y avait plus d'autonomie locale.

Les Tunisiens étaient de plus en plus mécontents des autorités étrangères, car ils avaient le sentiment de perdre le contrôle de leur propre vie. Lorsque le protectorat français a commencé, le cheminement de la Tunisie vers la recherche de sa propre identité et la prise de ses propres décisions a changé. Les répercussions de cette époque sur l'histoire de la Tunisie se sont poursuivies pendant des décennies. Elles ont également jeté les bases des premiers mouvements nationalistes tunisiens en faveur de l'indépendance.

Changements économiques sous le contrôle colonial

Les Français ont commencé à coloniser la Tunisie en 1881, et l'économie du pays a commencé à changer. La Tunisie a entrepris de restructurer son économie, ce qui a eu des répercussions sur le pays pendant de nombreuses années. Les colonisateurs français ont transformé l'économie tunisienne et se sont lancés dans l'agriculture à grande échelle pour leur propre compte. Les gens consommaient auparavant des céréales, mais ils mangent désormais du blé, des olives et du raisin. Ce changement a eu un impact sur les familles du pays, et les riches propriétaires terriens se sont retrouvés avec plus d'argent et de terres qu'ils n'en avaient besoin. Les gens étaient également plus en désaccord les uns avec les autres après ce changement. Les colonisateurs français ont accéléré le processus d'extraction des minéraux et des phosphates de Tunisie afin d'aider l'Europe à s'industrialiser davantage. Cela a nui à la Tunisie et a principalement favorisé l'économie française. Cette exploitation économique industrielle a engendré des problèmes pour le peuple tunisien, qui était colonisé, tant sur le plan social qu'économique.

Les Français ont également renforcé le rôle de la Tunisie en tant que fournisseur de matières premières et marché pour les produits finis des colonisateurs en mettant en place des monopoles commerciaux et des droits de douane. Le despotisme économique des colonisateurs a nui aux entreprises et à l'artisanat locaux tunisiens, ce qui a rendu plus difficile pour les Tunisiens de rester financièrement indépendants. Les infrastructures modernes telles que les chemins de fer et les ports n'ont pas été conçues pour faciliter le commerce, mais pour permettre d'acheminer plus facilement les ressources tunisiennes hors du pays afin de les vendre. Ces mesures ont rendu le pays encore plus subordonné au système impérial. L'économie tunisienne est devenue dépendante d'emplois injustes et exploiteurs, avec des salaires bas et de mauvaises conditions de travail. L'oppression économique coloniale a créé les institutions injustes et inégales auxquelles la Tunisie doit encore faire face aujourd'hui. Les conséquences des turbulences économiques en Tunisie continuent d'entraver la réalisation de la justice économique, le progrès et la prospérité.

Échanges culturels et mouvements de résistance

Pendant la période coloniale, les liens culturels entre la Tunisie et la France ont brisé la règle des rapports de force inégaux. Au cours de cette période, la société a connu des changements et des systèmes et coutumes se sont répandus.

Lorsque les deux civilisations se sont rencontrées, leurs modes de vie, leurs croyances et leurs coutumes différents se sont mélangés. Dans le même temps, cela a poussé les gens à se battre et à affirmer leur identité tunisienne. Tous ces éléments ont contribué à façonner le tissu social, la conscience et la détermination à se battre de la Tunisie. Les cultures coloniale française et indigène tunisienne ont facilité l'hybridation, entraînant la convergence de nombreux aspects des deux populations pour créer un lien tuniso-français global. Le colonialisme a eu les effets les plus importants sur le droit, la langue, l'éducation et l'urbanisme. Le mélange des cultures française et tunisienne, notamment la langue française, les rituels et les coutumes avec les traditions indigènes tunisiennes, a créé un paysage social et culturel complexe qui reflétait une dualité dans le monde. Cette culture connectée a également causé des problèmes et des conflits. Cela a entraîné la fin du régime de tutelle en Tunisie. Les colonisateurs, qui étaient en grande partie des seigneurs français en Tunisie, ont rencontré de nombreux problèmes avec les artistes, les intellectuels et l'autorité religieuse autochtones. Les gens ont utilisé des mots écrits, dessinés et parlés, en particulier dans les groupes religieux, pour lutter contre le déclin de la culture tunisienne et la préserver. Le mélange des cultures forme un épais rideau qui recouvre les nombreux niveaux d'identité culturelle.

Les interactions coloniales ont modifié l'identité tunisienne, ce qui a amené les gens à s'interroger sur leur identité face aux puissances coloniales. Les gens ont changé leur identité en adoptant de nouvelles coutumes, en revendiquant leur indépendance et en éprouvant une grande fierté pour leur pays. Au cours de cette période, l'identité tunisienne s'est développée comme un mélange de plusieurs traditions ; la culture tunisienne était unique. La culture tunisienne a également mis en évidence à quel point il était essentiel pour les gens d'être fiers de leur culture et de la défendre, ainsi que le courage dont leurs ancêtres avaient fait preuve pour y parvenir. La culture tunisienne était très fortement et positivement tunisienne. Les influences unidirectionnelles ont montré que le commerce fonctionne, mais que le fait d'avoir plusieurs influences peut rendre la communication plus précieuse et plus utile.

L'impact de la stratification sociale dans la région

Les relations coloniales entre la Tunisie et la France ont eu un impact considérable sur la façon dont les Tunisiens percevaient les classes socio-économiques. Après la mise en place du protectorat français, deux systèmes coexistaient : les Français ont ajouté leur propre hiérarchie et leur propre structure à l'ordre social tunisien existant. Cette couche a rendu la structure sociale encore plus complexe en modifiant le fonctionnement du pouvoir et la manière dont les différentes classes sociales pouvaient accéder aux ressources et les contrôler.

Au début de la colonisation, la classe supérieure composée de propriétaires terriens, de clients, de marchands et de chefs religieux a dû composer avec un nouveau groupe de personnes : les colons français. Ces derniers venaient de prendre la tête de l'armée et du gouvernement et supervisaient l'économie et la politique. Le système juridique soutenu par les Français a aggravé la situation des classes coloniales défavorisées en accordant aux personnes issues de différentes classes sociales un accès inégal à la terre, aux affaires et aux droits juridiques. Les puissances coloniales ont élaboré un ensemble de réglementations qui favorisaient certains groupes et en pénalisaient d'autres, ce qui a aggravé la situation. Le gouvernement français était assez strict et sévère. Il punissait et limitait les personnes qualifiées de « résistants » et d'« opposants », tout en aidant et en récompensant ceux qui travaillaient avec eux. Ces conséquences importantes pour le système de classes sociales ont creusé encore davantage le fossé entre les riches et les pauvres.

Elles ont également imposé un fardeau aux ressources de la classe inférieure et rendu la société tunisienne plus animée par le ressentiment.

Le fait que les emplois et les écoles n'étaient pas répartis de manière égale a également révélé que la société était divisée en classes.

Les programmes éducatifs sélectifs des Français visaient à fidéliser le gouvernement colonial. Ces règles faisaient en sorte que seuls les riches et leurs amis dans différents cercles sociaux pouvaient obtenir des emplois « d'élite » et fréquenter des écoles « d'élite ». Cela réduisait considérablement les chances de la plupart des Tunisiens d'améliorer leur statut social. Pour comprendre le cœur du centre colonial et les activités économiques qui se déroulent dans les régions urbanisées et divisées socialement, il est nécessaire de connaître le mode de vie des Tunisiens. Le colonialisme a développé de nouveaux systèmes économiques et de nouvelles façons de générer de l'argent qui étaient très avantageux pour les capitalistes impliqués. D'un autre côté, l'amélioration du statut social et les opportunités commerciales ont rendu la vie difficile aux agriculteurs, aux ouvriers et aux artisans traditionnels. Le colonialisme a considérablement modifié le fonctionnement du pouvoir, de l'économie et des opportunités en Tunisie, ce qui a profondément bouleversé l'ordre social. Lorsque la Tunisie a accédé à l'indépendance, les raisons pour lesquelles le peuple souhaitait être libre étaient évidentes. Avant et après le colonialisme, la structure de la Tunisie était considérablement différente.

L'éveil des esprits et de la politique

Le paysage politique et social de la Tunisie a considérablement évolué à la fin du XIXe siècle et au début du XXe siècle, modifiant à jamais le cours de l'histoire du pays. Cette époque a donné naissance à de nouvelles idées et a mélangé des éléments sociaux, culturels et politiques, ce qui a renforcé l'identité nationale tunisienne et a renforcé le désir de liberté du peuple. Les intellectuels, les écrivains et les militants étaient très opposés au déni colonial de liberté et d'indépendance. Un élément important de ce processus a été la renaissance de la culture tunisienne et l'élimination des efforts coloniaux visant à effacer l'identité autochtone. Les intellectuels et les penseurs ont eu des discussions approfondies sur l'histoire, la culture et même la langue de la Tunisie. Cette renaissance de la culture et de la fierté a certainement suscité un regain d'identité nationale et de solidarité. Parallèlement, la structure sociale et politique de la société a commencé à évoluer vers une forme plus moderne. L'émergence de nouveaux partis et groupes politiques dans la région a aidé le peuple à aller de l'avant et à lutter contre le contrôle colonial en Tunisie. Ces mouvements étaient caractérisés par une grande diversité d'idées, d'opinions et de structures politiques, allant de petits ajustements à de grandes réformes révolutionnaires susceptibles d'influencer le destin de la Tunisie. La passion et l'énergie de ces idées ont suscité la colère de nombreux membres de la société et les ont rassemblés au nom de la liberté et de l'indépendance.

Les élites politiques et intellectuelles ont également pris l'initiative de mener la transition en persuadant la population de les soutenir et en réclamant une Tunisie libre et indépendante. Les discours, les publications et les activités de ces dirigeants ont rassemblé les Tunisiens et les ont sensibilisés aux défis auxquels ils étaient confrontés en matière d'économie et d'emploi. Les activités politiques et intellectuelles de la Tunisie s'inscrivaient dans un mouvement mondial visant à mettre fin au colonialisme et à donner aux peuples le droit de choisir leur propre avenir. La Tunisie souhaitait exprimer son soutien aux pays colonisés et obtenir en retour un soutien dans sa lutte contre le colonialisme. La lutte de la Tunisie pour la liberté s'est renforcée tout au long de cette période d'action et a été présentée dans le contexte mondial approprié. Cette période d'activité politique et intellectuelle a contribué à l'expansion du mouvement nationaliste en Tunisie. La phase active que traversait alors la Tunisie a suscité une réflexion, une action et une détermination qui ont aidé le pays à trouver sa place dans le monde et à se souvenir de son impact sur la mémoire collective. C'est au cours de cette période que la Tunisie a connu sa plus forte croissance.

La montée des idées nationalistes

L'évolution de l'idéologie nationaliste concernant la quête d'indépendance de la Tunisie était superficielle et insuffisante.

La mobilisation de groupes plus importants d'individus les a également aidés à mieux comprendre le nationalisme. Les mouvements nationalistes, à l'instar des mouvements politiques visant à promouvoir le nationalisme américain, ont commencé à la base et ont progressé vers le sommet. Ces initiatives ont été appréciées, car elles ont permis de rassembler ceux qui avaient été exploités de multiples façons. À mesure que le nationalisme gagnait en popularité, l'idéologie nationaliste a évolué pour mettre l'accent sur la prospérité économique, l'égalité sociale et la capacité de la nation à gérer ses propres ressources. Le cadre d'unification proposé, fondé sur le discours nationaliste, était l'élément le plus essentiel à tous les niveaux politiques, sociaux et culturels pendant la lutte pour la souveraineté. Le cadre politique de domination a démontré la sophistication de la pensée nationaliste en s'abstenant de chercher à contrôler totalement le pays et en proposant à la place un système plus avancé pour la Tunisie.

En résumé, l'attitude nationaliste de plus en plus avancée et méticuleuse en Tunisie est un bon moyen pour le pays de maintenir son indépendance. L'esprit fortement enraciné et résistant du peuple provenait d'idées nationalistes avancées et systématiques et de la volonté du pays de lutter pour son indépendance.

Personnalités clés du mouvement national

La quête d'indépendance et d'autodétermination de la Tunisie a été soutenue par de nombreuses personnalités du monde entier, de la région et du pays. Bourguiba est devenu la figure la plus éminente du mouvement national. Bourguiba est devenu un héros national parce qu'il était un leader dévoué et compétent pour la cause de la libération. Les personnes qui se sont battues pour l'indépendance l'ont soutenu et n'ont jamais changé d'avis.

Bourguiba fut un grand visionnaire de l'histoire tunisienne, car il était prêt à s'opposer au colonialisme. Ben Youssef était un leader remarquable et fort, car il savait bien s'exprimer et convaincre les gens par ses paroles. Il comptait de nombreuses personnes qui lui étaient très fidèles. Farhat Hached a joué un rôle essentiel dans la lutte pour l'indépendance, car il a contribué à la mise en place d'un certain nombre de projets collaboratifs qui ont mis en évidence l'importance des initiatives nationales et panarabes. Son appel à l'action et ses idées qui ont rassemblé les gens ont été extrêmement importants dans la lutte contre le colonialisme. Beaucoup de gens ont été touchés par sa vision de l'avenir et sa manière différente de résoudre les problèmes.

Outre certains leaders plus connus, les efforts de nombreux héros moins connus, tels que des syndicalistes, des professeurs et des militants sur le terrain, ont également été essentiels pour maintenir le mouvement national en vie. La lutte pour la liberté est devenue de plus en plus difficile en raison de leur dévouement, de leurs pertes et de leur travail inlassable pour atteindre l'objectif d'une Tunisie indépendante. Le fait que ces personnalités importantes et le public comptent les uns sur les autres montre à quel point le mouvement national était populaire, de nombreuses personnes ayant des points de vue et des idées différents s'étant réunies pour atteindre un objectif commun. L'héritage de ces héros montre que l'esprit national est toujours aussi fort en Tunisie aujourd'hui, tout comme il l'était lorsqu'ils se sont battus pour leur liberté et leur autonomie.

Les moyens d'accéder à l'indépendance

De nombreuses influences politiques, sociales, intellectuelles et internationales complexes se sont entremêlées dans les années qui ont précédé l'indépendance de la Tunisie en 1956. Les voies vers l'indépendance ont été marquées par des événements importants et des mesures stratégiques prises pour favoriser l'autodétermination. Après la Seconde Guerre mondiale, de nombreux Tunisiens aspiraient à la liberté.

Le mouvement nationaliste, dirigé par des personnalités telles que Habib Bourguiba et Salah Ben Youssef, a attiré l'attention du peuple et a su tirer parti de son désir de se libérer du contrôle colonial. Le gouvernement français était soumis à une pression croissante et les populations du monde entier étaient de plus en plus préoccupées par le colonialisme. Cela a marqué le début d'une longue campagne pour la liberté. Les négociations et les efforts diplomatiques qui ont conduit à l'indépendance ont été marqués par des ajustements stratégiques et politiques astucieux. À mesure que la situation politique évoluait, les dirigeants nationalistes tunisiens ont pu solliciter davantage l'aide d'autres nations. La désobéissance civile et la résistance de groupes extérieurs ont également révélé la détermination du peuple tunisien à obtenir sa liberté et à éliminer la tyrannie étrangère. Le Pacte national tunisien de 1955 a constitué la première étape vers la liberté. Contre toute attente, les différentes organisations du mouvement nationaliste ont réussi à collaborer et à lutter pour l'autonomie. La guerre de dépendance et ce sentiment de solidarité ont joué un rôle déterminant en donnant un but aux Tunisiens de toutes classes, cultures et civilisations.

Après un parcours long et difficile, la Tunisie a obtenu son indépendance totale le 20 mars 1956. Elle s'est ensuite attachée à mettre en place et à créer un gouvernement démocratique. L'indépendance de la Tunisie et le chemin qui y a conduit continuent d'influencer le pays aujourd'hui. Cela montre à quel point une nation peut être puissante et déterminée à se libérer de la colonisation.

L'héritage du colonialisme

La domination française de la Tunisie de 1881 à 1956 a laissé des blessures durables dans l'économie, la politique et la culture du pays, qui sont encore visibles aujourd'hui. La colonisation a eu un effet durable sur la Tunisie, modifiant la façon dont les gens vivaient, travaillaient et pensaient. Les changements apportés à la structure sociale et économique de la Tunisie pendant la colonisation, tels que les lois sur la propriété foncière et les relations entre les travailleurs, ont encore un effet aujourd'hui. Les changements dans l'administration foncière et l'économie tunisiennes ont influencé la manière dont les colonisateurs ont dirigé le pays et dont il est dirigé aujourd'hui. La colonisation a eu un effet durable sur la culture et la société tunisiennes, qui continuent d'influencer ce qu'elles sont aujourd'hui. L'art, la science et l'éducation en Tunisie sont encore fortement influencés par la France. Les débuts précoces de la Tunisie dans les systèmes contemporains de gouvernance et d'administration juridique sont ce qui empêche le fossé socio-économique de se creuser davantage.

La période de colonisation, sa gouvernance et son contrôle structurel ont mis en place un système d'autorité centrale et d'autonomie gouvernementale en Tunisie. Cela a eu un effet sur son indépendance tout au long des périodes de troubles internes. De plus, les structures laissées par la colonisation continuent d'influencer la place de la Tunisie entre les continents et la manière dont elle interagit avec le reste du monde. L'économie et la diplomatie qui se sont développées pendant la colonisation continuent d'influencer les interactions de la Tunisie avec les autres pays de la région et du monde entier. Il s'agit toutefois des répercussions les plus importantes de la colonisation, et elles dépendent de la façon dont les Tunisiens se perçoivent eux-mêmes et leur identité nationale. Les récits coloniaux ont façonné l'image que le pays a de lui-même et sa compréhension de son passé. Ces récits mettent en avant les thèmes de la lutte et de la résistance, qui constituent le principal soutien du pays. Dans la Tunisie moderne, ces perceptions peuvent être une source de pouvoir. Cependant, certaines parties de cette histoire peuvent représenter une vision controversée de la fierté nationale, des efforts pour améliorer les choses, des inégalités sociales et du système politique. Le passé colonial de la Tunisie est assez complexe et plein d'incohérences. Il a eu un impact considérable sur l'indépendance du pays, et c'est encore le cas à bien des égards.

***

Références pour approfondir le sujet

Histoires fondamentales et générales de la Tunisie coloniale

1. Julien, Charles-André. L'Afrique du Nord en marche : Nationalismes musulmans et souveraineté française. 3e éd., Julliard, 1972.
2. Perkins, Kenneth J. A History of Modern Tunisia. 2e éd., Cambridge University Press, 2014.
3. Khalidi, Rashid. Sowing Crisis: The Cold War and American Dominance in the Middle East. Beacon Press, 2009. (Voir chapitre 3 : « The Maghrib and the Cold War »)

Le système du protectorat et l'économie coloniale

4. Mabro, Judy, et Robert Ilbert. La Tunisie à l'épreuve du Protectorat : Études d'histoire sociale et économique. Institut de Recherches sur le Maghreb Contemporain, 1995.
5. Poncet, Jean. La Colonisation et l'Agriculture Européenne en Tunisie depuis 1881. Mouton, 1962.
6. Mahjoubi, Ali. L'établissement du protectorat français en Tunisie. Université de Tunis, 1977.

Stratification sociale, identité et résistance culturelle

7. Clancy-Smith, Julia. Méditerranéens : l'Afrique du Nord et l'Europe à l'ère des migrations, vers 1800-1900. University of

California Press, 2011.

8. Sebag, Paul. Histoire des Juifs de Tunisie : Des origines à nos jours. L'Harmattan, 1991.

9. Lejri, Lilia. Les Sociétés Arabes au Maghreb et le Changement Social. Cérès Productions, 1985.

10. Abu-Nasr, Jill. « The Tunisian National Movement: A Case Study of a Mobilizing System ». The Middle East Journal, vol. 24, n° 4, 1970, p. 435-452.

Le mouvement nationaliste et ses figures clés

11. Ashford, Douglas E. The Emergence of the Neo-Destour Party in Tunisia: A Case Study of a Maghreb Independence Movement. Princeton University Press, 1965.

12. Bourguiba, Habib. Ma Vie, mes idées, mon combat. Publications du Secrétariat d'État à l'Information, 1977.

13. Kraïem, Mustapha. Nationalisme et syndicalisme en Tunisie : 1918-1929. Université de Tunis, 1976.

14. Moore, Clement Henry. La Tunisie depuis l'indépendance : la dynamique d'un gouvernement à parti unique. University of California Press, 1965.

L'héritage du colonialisme

15. Micaud, Charles A., avec Leon Carl Brown et Clement H. Moore. La Tunisie : la politique de la modernisation. Praeger, 1964.

16. Hibou, Béatrice. La force de l'obéissance : l'économie politique de la répression en Tunisie. Polity Press, 2011.

5
Construire l'identité nationale
Éducation, mémoire et conscience civique

Établir l'identité nationale après l'indépendance

L'horizon post-indépendance est tout aussi complexe et sensible aux nombreuses forces puissantes qui façonnent la vie dans une situation de nation unique. La vie politique d'une nation est aussi importante que ses autres composantes, car celles-ci ont tendance à construire des récits sur les politiques de l'État et ont un impact considérable sur son histoire et son gouvernement. Les changements qui surviennent dans les systèmes sociaux et politiques des entités politiques après leur indépendance sont importants pour les principales politiques, idéologies et philosophies que le nouvel État adopte et envisage. Ces éléments façonnent l'identité nationale. La citoyenneté et l'unification des idées sociopolitiques reposent sur la gestion d'une population importante, des cadres sociaux et d'autres éléments d'une nation. L'indépendance, la mémoire des révolutions, les contributions importantes de l'histoire principale de la nation, le nationalisme, les divisions sociales entre les groupes et la reconnaissance des héros nationaux sont autant d'éléments importants qui contribuent à maintenir les relations sociales, l'acceptation et le contrôle liés aux structures de gouvernance et à l'unité politique. Les idées de citoyenneté et les facteurs sociopolitiques sont liés. De cette manière, le sentiment national et sa célébration soutiennent également d'autres éléments qui renforcent l'identité culturelle de l'État et encouragent les individus à s'impliquer dans sa formation.

Les changements dans l'éducation qui façonnent la conscience nationale

L'amélioration de l'éducation des citoyens est essentielle dans tous les pays. Les systèmes éducatifs mis en place en Tunisie après l'indépendance ont obtenu des résultats remarquables en aidant les citoyens de toutes origines à se sentir partie intégrante du pays et à développer une identité nationale. Afin de promouvoir le patriotisme, la conscience historique et la participation civique, le gouvernement tunisien a apporté des changements planifiés au programme scolaire et à la manière dont il était enseigné. Cette évolution de l'éducation visait à aider le pays à s'affranchir de la colonisation tout en créant les premières fissures dans l'idéologie traditionnelle du peuple, fondée sur ses affiliations tribales et régionales.

L'éducation et le nouveau discours politique de Habib Bourguiba ont fondé le sentiment national et la conscience de l'État-nation, détruisant ainsi les vestiges du tribalisme dans la société, une réussite que peu d'États arabes ont accomplie, en particulier la Libye, l'Irak, la Syrie, la Jordanie, l'Arabie saoudite et les monarchies du Golfe, etc.

Modifications du programme scolaire et récits du passé

Les progrès en matière d'éducation jouent un rôle crucial dans l'élaboration des fondements de l'histoire tout en développant le concept de nationalité. Les écoles conçoivent leur programme d'histoire afin d'aider ceux qui sont chargés de façonner l'avenir de leur pays. L'histoire de la Tunisie n'est pas évidente ; ainsi, les modifications apportées au programme scolaire tentent de montrer comment l'unité nationale a évolué depuis l'indépendance. Au cours des dernières décennies, les personnes qui planifient et prennent les décisions en matière d'éducation se sont efforcées de rendre l'histoire du pays moins nationaliste dans les programmes scolaires.

Enseigner l'histoire à l'ancienne, avec des termes tels que « mélanges », est dépassé, car il existe tant de contextes et de façons différentes d'appréhender les choses que l'on pourrait utiliser pour comprendre et décrire pleinement l'histoire et la croissance de la Tunisie. L'intégration de points de vue novateurs dans l'histoire tunisienne facilite l'amélioration du programme d'histoire, conçu pour cultiver une conscience de la Tunisie dans son contexte historique et encourager le développement de l'esprit critique.

La fierté, le sentiment d'appartenance et la responsabilité découlent tous d'une conscience plus profonde des peuples, de leur art et de leurs efforts politiques passés. La Tunisie possède une histoire longue et fascinante, liée à de nombreux événements à travers le monde. Cette leçon a pour but d'aider l'élève. Plus important encore, pour apprécier la manière dont le patriotisme, la riche histoire et la société civile de la Tunisie ont influencé la civilisation fondamentale, ou le « progrès du monde », il est nécessaire de connaître ces trois éléments. La combinaison de ces éléments répond aux besoins des cours d'histoire moderne, qui visent à inclure à la fois des données originales et des situations modernes. L'objectif principal reste de montrer les réalisations de la

Tunisie par rapport aux divers événements qui se sont produits à travers le monde, en les plaçant sur une chronologie du développement mondial.

Il existe une grande préoccupation quant à la manière d'examiner l'histoire de la Tunisie sans perdre de vue la situation dans son ensemble. Les nombreuses périodes de l'histoire de la Tunisie sont liées entre elles, ce qui permet de maintenir l'équilibre entre les principales caractéristiques. La principale préoccupation reste les différents aspects de l'histoire de la Tunisie. L'examen des thèses et des hypothèses de chaque civilisation ou culture pourrait aider à trouver des lacunes dans les études analytiques, la synthèse et le discours politique.

L'histoire est en constante évolution ; nous avons donc besoin de nouvelles idées. Pour s'assurer que le programme scolaire favorise l'empathie et le respect tout en permettant un récit plus inclusif de l'histoire de la nation, cet objectif doit être soigneusement équilibré entre célébration et critique. La conscience historique de la Tunisie est en constante évolution, il est donc important de continuer à améliorer le programme scolaire. L'utilisation de méthodes d'enseignement nouvelles et interdisciplinaires peut améliorer encore davantage l'environnement d'apprentissage en donnant aux élèves les compétences nécessaires pour réfléchir de manière critique et active à l'histoire de leur pays et imaginer un avenir d'unité fondé sur le devoir civique et la responsabilité partagés.

Politique mémorielle : Commémorations et fêtes nationales

La politique mémorielle est un aspect important pour favoriser de nouvelles identités nationales, cultiver une conscience commune et préserver les « cultures ». Les commémorations et les fêtes nationales offrent aux citoyens l'occasion d'honorer et de célébrer les événements historiques marquants et les valeurs tout en favorisant un sentiment d'appartenance. En Tunisie, comme dans de nombreux pays, la politique mémorielle aide à accepter les luttes et les succès du pays. La célébration de la fête de l'indépendance, de la fête de la République et de la fête des martyrs est importante et fait partie intégrante de ce contexte, car elle aide les Tunisiens à se souvenir des luttes des combattants de la liberté et des libérateurs de l'asservissement colonial.

Ces commémorations publiques sont importantes car elles favorisent la cohésion nationale et contribuent également à sensibiliser les nouvelles générations à l'histoire. Les interactions avec la mémoire du passé permettent de tirer des leçons précieuses pour l'avenir du pays. Le fait de se souvenir de manière consciente et délibérée permet d'ancrer les sacrifices et les luttes du peuple dans l'identité et la conscience nationales, créant ainsi un sentiment de fierté et d'unité pour le pays. En outre, la célébration des fêtes nationales contribue à soutenir et à réaffirmer les principes et les valeurs sur lesquels repose l'État tunisien.

La dernière étape est la décennie du ministère, qui correspond aux dernières tâches. La décennie du ministère peut être considérée comme un cabinet qui rassemble la trahison, l'unité et l'unification survivantes des structures de valeurs logiques qui existent dans l'environnement social. D'un point de vue métaphysique, nous pouvons percevoir le ministère comme une nouvelle manifestation d'un univers social mondial dominant et rationnel. Il donne un sens à l'existence des structures sociales et rassemble les individus grâce à une conscience commune. En termes d'histoire, la décennie du ministère marque une nouvelle étape. La décennie peut être résumée comme le moment où un environnement social humain dominant est devenu plus rationnel et unifié. Les dix années du ministère entraînent une grande transformation dans la manière dont les valeurs sont reliées dans le milieu social dominant et ses institutions sociales. Le nouveau monde social illustre comment la rationalité dominante des cultures locales opère dans divers contextes sociaux, y compris les systèmes libres et les systèmes sociaux unifiés, tels que ceux que l'on trouve dans un monde unificateur.

Les hymnes, les drapeaux, les symboles et le sentiment d'appartenance

En combinant un sentiment d'appartenance et d'unité, les symboles, les drapeaux et les hymnes contribuent à forger une identité nationale. Un drapeau, par exemple, est l'image d'un pays, de ses valeurs et de ses succès. Chaque drapeau est l'image de l'identité du pays et revêt une grande importance que les gens ignorent souvent. Les couleurs, les emblèmes et les autres éléments du drapeau ont également une grande signification. Tout cela peut signifier qu'il existe une lutte acharnée autour de l'identité, des valeurs culturelles et des croyances communes dans le pays et dans le monde entier. En tant que citoyen, il est de votre devoir de connaître le drapeau, son histoire et ce qu'il représente. Pour favoriser un sentiment d'accomplissement et de patriotisme, les hymnes doivent être traités avec le même respect et la même fierté. Ces hymnes renforcent l'idée de nationalité, de solidarité et de fierté. L'objectif est de réunir l'histoire et les principes du pays avec la force de son peuple et de sa culture. Il est probable que chacun des hymnes suscite de forts sentiments de patriotisme et de valeurs profondément ancrées. L'ensemble du processus de création et d'écriture d'un hymne national suscite également de forts sentiments de patriotisme et d'idéaux. L'acceptation de l'appartenance nationale va de pair avec le dévouement civique envers le pays. Ce processus crée un sentiment d'appartenance pour tous, tout en acceptant la diversité qui existe dans la société.

Enseigner aux gens la signification de ces symboles les aide à se comprendre et à s'accepter mutuellement, ce qui renforce leur loyauté envers les valeurs et les idéaux du pays. Lorsque les gens hissent le drapeau, chantent l'hymne national ou accomplissent tout autre acte important pour le pays, ils peuvent montrer leur fierté envers celui-ci et travailler ensemble pour atteindre un objectif commun. De plus, le drapeau et les autres symboles nationaux sont délibérément placés dans de nombreux lieux publics, sur les documents officiels et dans les œuvres d'art afin de montrer qu'ils sont accessibles à tous. Ainsi, lorsque les gens utilisent ces symboles nationaux, ils montrent également qu'ils sont unis et qu'ils partagent un objectif commun.

D'autre part, ces symboles peuvent également susciter des discussions et des réflexions. Les changements sociaux, l'évolution des points de vue et le révisionnisme historique nécessitent une réévaluation des symboles utilisés pour la représentation et l'inclusivité. Par conséquent, une réflexion approfondie, accompagnée d'une documentation et d'un raisonnement pragmatique, est nécessaire pour déterminer l'applicabilité des symboles identifiés, étant donné que le pays n'est pas une entité statique. En ce sens, les drapeaux, les symboles et les hymnes ne peuvent être conciliés, car les symboles d'une nation sont en constante évolution, même s'ils rassemblent les gens. Ce type d'arrangement montre à quel point l'identité d'une nation est complexe et riche.

Éducation civique et socialisation politique

L'éducation civique est essentielle pour aider les personnes de toutes les cultures à se forger des opinions politiques et à agir d'une certaine manière. Elle comprend à la fois des moyens formels et informels permettant aux personnes d'apprendre leurs droits et leurs devoirs et le fonctionnement de leur gouvernement. L'éducation civique a joué un rôle clé dans le processus de construction nationale de la Tunisie depuis son indépendance. Elle visait à cultiver une culture de citoyenneté active et l'acceptation de la démocratie parmi la population. L'intégration de l'éducation civique dans le système scolaire officiel contribue à former une population informée et engagée sur le plan politique. Les élèves apprennent en classe ce que sont la démocratie, l'État de droit, la préservation des droits de l'homme et une gouvernance efficace. On leur enseigne également à développer leur esprit critique et à observer la situation politique et sociale afin d'acquérir une bonne connaissance des questions civiques et d'adopter une attitude responsable à leur égard. En outre, les organisations de la société civile, les associations locales et les gouvernements enseignent et mettent en pratique l'éducation civique. Ces groupes offrent aux jeunes la possibilité de s'exercer au leadership, au service communautaire et à d'autres activités civiques, ce qui les aide à comprendre l'importance d'être des citoyens engagés.

La socialisation politique et l'éducation civique sont des processus qui influencent les idées, les comportements et les attitudes sociales. La culture politique englobe les opinions, les actions et les attitudes des individus. La famille, les amis, les médias et l'école sont autant de lieux où s'opèrent l'apprentissage et la transmission sociaux. Les événements historiques majeurs, les bouleversements révolutionnaires et les processus de décolonisation ont influencé la conscience politique du peuple tunisien.

Aujourd'hui, cependant, les individus sont confrontés à de nouveaux problèmes et opportunités en matière de socialisation, de conscience politique et d'action. Les technologies numériques, en particulier les nouveaux réseaux sociaux, ont profondément transformé la manière dont les individus accèdent à l'information, participent au discours politique et définissent leur identité. Par conséquent, il est nécessaire de mener une analyse approfondie de l'impact de ces technologies sur la socialisation politique des adolescents et du grand public.

L'éducation civique et la socialisation politique sont importantes pour construire une nation et maintenir la démocratie. Ainsi, donner aux citoyens les informations, les idéaux et les capacités actives dont ils ont besoin pour participer à la vie civique contribue à construire un pays politiquement et socialement intégré.

Les médias comme moyen de dialogue et de cohésion nationale

Les moyens de communication offrent aux citoyens davantage de possibilités d'exprimer et de façonner l'opinion publique et le discours. Ils contribuent à forger une identité nationale unifiée en permettant aux citoyens d'exprimer leur culture et de partager des souvenirs communs.

En soutenant la Tunisie et en encourageant une bonne stratégie de développement, les médias créent un espace de débat national et aident les Tunisiens à accepter un nouveau sentiment d'identité nationale. La télévision, la radio, les journaux et Internet sont les médias les plus importants pour la croissance du pays. La capacité d'un pays à impliquer sa population, en particulier le peuple tunisien, constitue son fondement. Les médias ne sont pas seulement un moyen de partager des informations, ils permettent également aux citoyens de voir leur pays sous un nouveau jour et d'apprendre à partir de différents points de vue. Un pays peut créer un espace où les gens peuvent se réunir en tant que « NOUS » et discuter de leurs problèmes en utilisant des techniques démocratiques. De plus, les médias décident de ce que les gens doivent savoir et de ce qui est important pour eux. Cet objectif est atteint en choisissant soigneusement le contenu des journaux télévisés et des autres émissions. Le pays établit les limites en manipulant les informations et en contrôlant les réseaux. Les médias aident les individus à mieux connaître leur pays en ajoutant plus de détails à l'histoire. Cependant, d'autres moyens, tels que l'éducation, sont également nécessaires pour rendre ces détails plus clairs et plus faciles à comprendre. Ils contribuent également à préserver et à partager la mémoire du groupe. Les médias rassemblent les gens en leur montrant les domaines clés du pays. En termes simples, ils créent et partagent des récits historiques essentiels qui aident les gens à comprendre les liens profonds qui existent dans le pays.

Les médias nationaux aident également les citoyens à prendre conscience de leurs devoirs civiques en promouvant une vision positive du passé, du présent et de l'avenir de la Tunisie, ainsi que la fierté de l'histoire du pays. Dans le contexte de la numérisation, les réseaux sociaux ont joué un rôle essentiel dans la construction d'un sentiment d'unité nationale.

Les participants et les réseaux en ligne facilitent la participation des citoyens à la vie publique, leur permettant d'exprimer leurs valeurs culturelles et de réagir aux problèmes sociaux. Les médias et les autres fournisseurs de contenu doivent assumer leur responsabilité sociale en défendant un comportement éthique et la diversité, et en luttant contre les fausses informations afin de garantir un environnement numérique propice à des conversations productives et à la compréhension. Les Tunisiens peuvent réaffirmer certains aspects de leur identité nationale et approfondir leurs relations avec le reste du monde grâce aux nouveaux médias. La Tunisie s'efforce de trouver le juste équilibre entre les nouveaux médias et les médias traditionnels. Parallèlement, elle doit se concentrer sur le rôle des leaders culturels, politiques et médiatiques dans la promotion du débat et de l'unité dans le pays. Les médias sont un élément clé qui rassemble les Tunisiens, et ceux-ci sont encouragés à assumer la responsabilité de contribuer activement à la construction du nouveau récit de l'histoire du pays.

Implication des jeunes dans les projets qui contribuent à la construction de la nation

Il est essentiel que les jeunes s'impliquent dans la lutte pour le progrès social et le développement. Impliquer les jeunes dans la politique et la société leur donne un sentiment d'appartenance et renforce les piliers de l'identité nationale. L'implication des jeunes est importante car elle englobe de nombreux aspects, tels que le bénévolat, le service communautaire, l'engagement citoyen et même le travail dans le monde des affaires. Participer à de telles activités peut donner aux jeunes la possibilité de s'exprimer sur l'avenir du pays.

Le système éducatif est peut-être le meilleur moyen d'impliquer les jeunes et de les intéresser au processus décisionnel. Les écoles et le système éducatif sont les principaux moyens d'enseigner la citoyenneté et le devoir civique. Les enseignants peuvent aider les jeunes à devenir des citoyens actifs et responsables en mettant en place des systèmes qui les transforment en leaders, en penseurs et en personnes soucieuses des autres. De plus, l'ajout de programmes de mentorat et d'autres clubs donne aux jeunes le sens du service et de la responsabilité sociale, tout en les aidant à atteindre leur plein potentiel.

De plus, l'utilisation des technologies numériques et des réseaux sociaux actuels pourrait contribuer à attirer davantage l'attention sur les problèmes des jeunes et leur permettre de s'impliquer plus facilement dans les questions importantes du pays. Les jeunes peuvent s'impliquer activement en participant à des débats en ligne, en proposant et en menant des initiatives en ligne, et en proposant de nouvelles idées. Les jeunes doivent également savoir utiliser Internet en toute sécurité et maîtriser les technologies numériques afin de pouvoir participer à des activités importantes qui contribuent à la construction de la nation.

Lorsque l'activisme et la technologie s'associent, ils peuvent donner naissance à des idées novatrices et à de grands projets visant à atteindre des objectifs communs. Encourager les jeunes des écoles primaires et secondaires à penser comme des entrepreneurs peut contribuer à la croissance économique et à rassembler les gens. La création d'entreprises dirigées par des jeunes, de pôles d'innovation et d'entreprises sociales peut encourager la créativité et l'esprit critique. Ce type de projets favorise la créativité et l'esprit d'entreprise, tout en créant une forte culture d'initiative et de détermination. Les groupes gouvernementaux et non gouvernementaux améliorent l'environnement entrepreneurial en fournissant des ressources, des conseils et des financements, permettant ainsi aux jeunes de participer activement à l'économie et de contribuer au bien-être social du pays. Enfin, il est essentiel d'impliquer les jeunes dans les activités de construction nationale pour assurer la croissance du pays. Grâce au nouveau système éducatif, les jeunes peuvent apprendre, utiliser les technologies de l'information et trouver de nouvelles idées plus rapidement et plus efficacement que jamais. Les jeunes peuvent contribuer à la croissance du pays en proposant de nouvelles façons de résoudre les problèmes et en développant un système qui oriente le pays vers la croissance de manière intelligente. Certains de ces projets comprennent des programmes communautaires et des projets qui aident les gens à se sentir appartenir à leur communauté.

Les programmes communautaires et les projets d'identité locale sont importants car ils peuvent aider les gens à se sentir liés à leur pays. Ces projets protègent le patrimoine, favorisent la cohésion sociale et donnent aux acteurs locaux les ressources dont ils ont besoin pour construire la nation. En Tunisie, les programmes communautaires et les projets axés sur l'identité locale ont joué un rôle très important dans la sensibilisation nationale et la promotion d'un développement inclusif.

Renforcer les programmes communautaires et contribuer à préserver les arts, l'artisanat et les coutumes traditionnels qui constituent la culture tunisienne. Les communautés peuvent protéger leurs coutumes distinctes et rendre le pays plus diversifié sur le plan culturel en soutenant les artisans locaux, les festivals culturels et les initiatives visant à protéger l'histoire. Les gens renforcent leurs liens avec leurs racines et sont fiers des nombreuses cultures du pays lorsqu'ils interagissent avec ces personnes.

Les projets d'identité locale permettent également aux gens de se sentir plus liés à leur communauté et les encouragent à être plus responsables en tant que groupe. Les programmes communautaires tels que le nettoyage des quartiers, le mentorat des jeunes et les projets de jardinage visent à faire en sorte que les personnes qui en bénéficient se les approprient et à rassembler les gens.

Certains projets d'identité locale tentent également de traiter la mémoire historique et communautaire à petite échelle. Les communautés souhaitent préserver leur histoire et leurs contributions et les célébrer à travers des initiatives d'histoire orale, des musées locaux et des programmes éducatifs. En contrôlant les récits que la communauté raconte sur elle-même, celle-ci tente de renforcer la mémoire collective du pays et son propre rôle dans celle-ci. Pour que les programmes communautaires et les projets d'identité locale fonctionnent, il est nécessaire de collaborer avec le gouvernement, la société civile et les écoles de la région. Ces projets peuvent être très fructueux et toucher une communauté plus large s'ils encouragent la coopération et permettent d'améliorer les résultats. De plus, la participation de divers groupes de personnes aide les gens à accepter activement une vision commune et à travailler ensemble, ce qui constitue la base d'une croissance durable axée sur la communauté. En fin de compte, les programmes locaux et les projets d'identification communautaire rassemblent les gens et les rendent encore plus fiers de leur pays. Ils obtiennent ces résultats en donnant aux gens un moyen d'interagir activement avec les autres membres de la communauté dans le cadre de l'adoption, de la participation civique et de l'identité culturelle propres au pays. La Tunisie pourrait rapprocher ses nombreux groupes et rendre la société plus forte et plus ouverte.

Succès et défis dans la formation de l'identité nationale

La construction de l'identité nationale implique des processus complexes qui nécessitent l'examen de diverses dimensions socioculturelles, historiques et politiques au sein d'une communauté. La Tunisie s'efforce de construire une identité nationale forte depuis qu'elle a obtenu son indépendance de la domination coloniale. Cela s'explique par son histoire complexe et ses nombreuses influences culturelles. Plusieurs succès et défis ont marqué son parcours. Une approche pour évaluer la qualité de la formation de l'identité nationale consiste à examiner dans quelle mesure les différents groupes sociaux, ethniques et religieux sont inclus et représentés. L'inclusion systématique des points de vue minoritaires dans le discours dominant sur l'identité nationale renforce la cohésion sociale et l'intégration. Les mesures visant à inclure tous les membres de la société dans l'éducation des citoyens sur leurs droits et leurs obligations, ainsi que les efforts civiques visant à favoriser le sentiment d'appartenance à la société, sont tout aussi essentiels.

Nous devons examiner un à un les problèmes qui se posent lors de la formation d'une identité nationale. L'un des problèmes les plus urgents est la nécessité de concilier les différents récits historiques et les guerres de mémoire qui ont engendré des divisions et des conflits dans la société. Engager des discussions sur la réinterprétation des événements historiques, des symboles culturels et des représentations afin de soutenir l'identité nationale tout en respectant les différences est un débat difficile mais essentiel qui doit avoir lieu. Les difficultés liées aux progrès technologiques et à la mondialisation par le biais de sources transnationales ajoutent une autre dimension au processus de construction d'une identité nationale unique à travers un réseau d'interconnexions. L'expansion rapide des formes numériques des médias de masse, de la culture pop et des événements mondialisés, qui sont à la fois précieux et complexes, signifie que nous devons élaborer des politiques et des plans qui tiennent compte de la manière dont les identités mondiales et locales s'articulent entre elles. Les structures complexes et variées des systèmes de croyances politiques, ainsi que les mécanismes de contrôle du pouvoir à l'intérieur et à l'extérieur d'un pays, ont rendu plus difficile l'épanouissement et l'évolution naturels de l'identité nationale. Il est difficile de créer une histoire nationale fédératrice, car il faut le faire tout en gardant à l'esprit la liberté et le pouvoir dont disposent les divers groupes de la société. L'histoire fédératrice occulte la nécessité d'une justice historique et d'une réconciliation, ainsi que les structures réelles des questions politiques en suspens.

En résumé, l'examen de la manière dont l'identité nationale s'est construite, de ses réalisations et des défis auxquels elle a dû faire face en Tunisie offre une perspective différente sur la force, le changement et l'espoir. Il souligne la nécessité de construire une identité sociale à la fois intégratrice et inclusive. Cela implique de prendre en compte le passé, le présent, les défis d'un monde en mutation et ce que signifie être tunisien. En fin de compte, les procédures et les activités qui contribuent à la construction d'une identité nationale en Tunisie montrent à quel point les gens travaillent dur pour rassembler les nombreuses composantes d'une nation complexe et en mutation.

Références pour approfondir le sujet

Théories fondamentales du nationalisme et de la construction nationale

1. Anderson, Benedict. Communautés imaginées : réflexions sur l'origine et la propagation du nationalisme. Édition révisée, Verso, 2006.

2. Gellner, Ernest. Nations et nationalisme. 2e édition, Cornell University Press, 2008.

3. Hobsbawm, Eric, et Terence Ranger, éditeurs. The Invention of Tradition. Cambridge University Press, 1983.

L'éducation et les programmes scolaires comme outils de construction nationale

4. Brown, L. Carl. « Bourguiba et la nation tunisienne ». The Middle East Journal, vol. 19, n° 3, 1965, p. 329-343.

5. Barakat, Halim. The Arab World: Society, Culture, and State. University of California Press, 1993.

6. Gardinier, David E. « The Historical Context of Educational Development in Tunisia » (Le contexte historique du développement de l'éducation en Tunisie). The Journal of Modern African Studies, vol. 7, n° 4, 1969, p. 579-594.

Politique mémorielle, commémoration et symbolisme

7. Olick, Jeffrey K. La politique du regret : mémoire collective et responsabilité historique. Routledge, 2007.

8. Nora, Pierre. « Entre mémoire et histoire : Les Lieux de Mémoire ». Représentations, n° 26, 1989, p. 7-24.

9. Elgenius, Gabriella. Symbols of Nations and Nationalism: Celebrating Nationhood. Palgrave Macmillan, 2011.

Éducation civique, médias et engagement des jeunes

10. Dewey, John. Démocratie et éducation : introduction à la philosophie de l'éducation. Macmillan, 1916.

11. Anderson, Jon W. « The Internet and Islam's New Interpreters ». New Media in the Muslim World: The Emerging Public Sphere, édité par Dale F. Eickelman et Jon W. Anderson, Indiana University Press, 2003, pp. 45-60.

12. Dhillon, Navtej, et Tarik Yousef, éditeurs. Génération en attente : la promesse non tenue des jeunes au Moyen-Orient. Brookings Institution Press, 2009.

Études de cas spécifiques à la Tunisie et héritage

13. Perkins, Kenneth J. A History of Modern Tunisia. 2e éd., Cambridge University Press, 2014.

14. Willis, Michael J. Politics and Power in the Maghreb: Algeria, Tunisia and Morocco from Independence to the Arab Spring.

6
The Demography of Cohesion: Minorities, Integration, and Political Insignificance

Minorités, intégration et insignifiance politique

Contexte historique de la composition démographique

Le profil démographique de la Tunisie est le résultat d'une interaction complexe entre ses différentes composantes culturelles. Il est le fruit des activités de nombreuses civilisations, des Phéniciens aux Romains, en passant par les Vandales, les Byzantins, les Arabes, les Ottomans et même les Européens. La Tunisie d'aujourd'hui est une fusion de tous ces facteurs, ce qui explique la diversité culturelle et la pluralité de la société tunisienne. Le circuit social que la Tunisie a formé avec ces civilisations sert de base au pluralisme culturel actuel du pays. Les interactions complexes entre ces civilisations ont donné naissance à un cadre socioculturel unique qui mélange diverses traditions, cultures et langues.

Cet héritage social que la Tunisie a développé au fil des siècles de commerce, dont les conquêtes et le colonialisme ont constitué une partie importante, a servi de précurseur à de nombreuses autres civilisations, telles que les Berbères, les Andalous, les Turcs ottomans et même les Européens, qui se sont installés dans la région. Cette pluralité, ainsi que le profil démographique de la Tunisie, reflètent les nombreuses couches culturelles que l'histoire a apportées au pays, témoignant de l'interconnexion des diverses composantes qui constituent l'identité même de la Tunisie. De plus, les influences commerciales complexes que la Tunisie a eues avec ces civilisations ont approfondi les subtilités culturelles de la région.

Une démographie kaléidoscopique et complexe, façonnée

par différents événements historiques, continue d'influencer le tissu social de la Tunisie contemporaine.

Le rôle des minorités dans la formation de l'identité nationale

La présence de groupes minoritaires renforce et élargit l'identité nationale de tout pays, car ils participent à la mosaïque culturelle et sociale complexe d'un pays. En Tunisie, l'ajout de différents groupes minoritaires tout au long de l'histoire du pays a enrichi et renforcé l'identité collective de la nation. Ces minorités, par leurs récits, leurs traditions et leurs langues, ont tissé leur culture avec la culture dominante, transformant ainsi le tissu social d'un pays. Leurs efforts ont contré l'idée d'une identité nationale monoethnique, accentuant la nature pluraliste et complexe de la société tunisienne. Cette interaction entre les groupes majoritaires et minoritaires a conduit à une évolution de l'identité nationale, qui favorise l'acceptation et la diversité. La construction d'un récit national complet et unifié nécessite de reconnaître les rôles et les points de vue distinctifs des communautés minoritaires. En outre, les communautés minoritaires sont souvent porteuses d'idées et d'expériences dont le discours historique, politique et social de la nation a largement bénéficié.

Réfléchir au rôle des minorités dans la formation de l'identité tunisienne offre à la société l'occasion d'évoluer vers une compréhension plus holistique et représentative de son récit collectif. Cependant, il est important de noter que le rôle des minorités dans la construction de l'identité nationale est à la fois vertical et horizontal. Si les minorités s'inspirent de l'identité globale, elles sont également influencées et façonnées par la culture dominante, ce qui rend les processus d'échange, d'interaction et d'acculturation continus. Ainsi, la relation entre les identités de la majorité et des minorités n'est pas statique, mais plutôt flexible et en constante évolution. Reconnaître et apprécier les différentes façons dont les minorités ont façonné l'identité nationale tunisienne renforcera la cohésion sociale et la résilience de la nation, en cultivant un écosystème dans lequel des identités et des perspectives disparates sont acceptées et largement incluses dans la construction continue du récit tunisien.

Actions stratégiques et structures politiques

Les actions stratégiques et les structures politiques sont essentielles pour parvenir à une coexistence pacifique et à la prospérité au sein d'une société pluraliste. Nous examinerons diverses stratégies et cadres politiques visant à intégrer pleinement les minorités dans l'écosystème socio-économique d'un pays.

L'intégration est un effort actif et délibéré visant à garantir que les personnes d'origines différentes aient leur place et contribuent à la société sur les plans culturel, économique et politique. Les structures politiques jouent un rôle essentiel dans le discours général et la mise en œuvre de la politique d'intégration des minorités, car elles fixent les paramètres dans lesquels l'égalité de traitement, l'action et l'intégration sociale sont appliquées sur le plan juridique et administratif. Une politique d'intégration réussie est une politique qui adopte une approche globale pour traiter simultanément les autres aspects de l'intégration : l'éducation, l'emploi, la santé, la langue et la culture. Les politiques doivent être élaborées de manière à reconnaître non seulement les besoins variés des différentes communautés minoritaires et les obstacles structurels auxquels elles sont confrontées, mais aussi à leur fournir les moyens d'accéder aux ressources de la société dans son ensemble. En outre, les cadres doivent intégrer la promotion du dialogue interculturel, du respect et de la culture. Les plans d'intégration stratégiques peuvent promouvoir l'unité en considérant la diversité comme un avantage et non comme une source de division. Lors de l'évaluation de l'efficacité des politiques d'intégration, il convient également d'examiner le niveau d'inclusion sociale, de participation économique et de participation politique des élites. Les inégalités systémiques et socio-économiques doivent être traitées comme une condition préalable à la pleine participation de tous les membres de la société aux ressources et aux opportunités.

En outre, l'élaboration et la mise en œuvre des plans d'intégration peuvent grandement bénéficier de l'analyse situationnelle des « meilleures pratiques » internationales et des études comparatives. Nous devons utiliser le contexte interne du pays et l'expérience précieuse d'autres pays pour améliorer les politiques d'intégration. À l'inverse, les politiques et les cadres législatifs existants en matière d'intégration influenceront l'élaboration de nouvelles politiques d'intégration. Les politiques d'intégration définiront le domaine d'interaction entre toutes les dimensions juridiques, structurelles, politiques et civiques de l'intégration. Dans tous les secteurs, le gouvernement devrait se concentrer sur les cadres qui lui permettront d'intégrer efficacement la société, en veillant à ce qu'aucun membre ne se sente exclu. Chaque membre de la société devrait avoir la possibilité de participer pleinement afin de pouvoir construire une société où chacun apprécie et reconnaît la valeur de tous les membres de la société.

Sensibilisation à l'éducation et engagement civique

La sensibilisation à l'éducation et l'engagement civique facilitent la participation active et encouragent le sentiment d'appartenance à la communauté.

Les écoles, les universités et les centres communautaires constituent les fondements de la promotion de la responsabilité civique et de la valorisation de l'inclusion. Ils peuvent y parvenir en introduisant des programmes d'études multiculturels et en favorisant les relations interculturelles. Cela permettra d'inculquer le respect et la compréhension aux élèves issus de cultures diverses. L'enseignement ne se limitera pas aux quatre murs de la salle de classe, mais préparera tous les élèves à la mondialisation. Les élèves comprendront l'importance de la responsabilité civique et participeront activement à divers programmes. Parmi ces programmes, on peut citer le bénévolat, les associations communautaires et les centres pour la jeunesse. Ces programmes renforcent l'interaction et la collaboration pour le bien commun dans la région. Ils favorisent la cohésion sociale et renforcent la confiance. Ils donnent également aux communautés marginalisées la possibilité de partager leurs problèmes et de proposer des solutions visant à créer une société meilleure.

Les décideurs politiques, les dirigeants communautaires

et les acteurs du monde de l'éducation doivent démontrer leur volonté d'inclure la responsabilité civique et la diversité dans leurs programmes. Les dirigeants communautaires ne doivent pas attendre que d'autres lancent de tels programmes à leur place. Ils doivent investir dans une communication qui transcende les frontières politiques, culturelles et éducatives. Les écoles, en tant que premières institutions formées à la diversité, doivent utiliser cette offre comme base pour une reconnaissance positive de l'identité. Nous devons encourager la participation active à la mise en œuvre des valeurs sociales démocratiques et civiques au sein de la société. Les dirigeants doivent également adopter une méthode de gouvernance démocratique afin de maintenir l'harmonie dans tous les cercles sociaux.

L'utilisation de la technologie et des ressources en ligne peut améliorer les activités de sensibilisation et les efforts d'engagement du public. Des ressources telles que les supports d'apprentissage en ligne, les programmes d'échange virtuels et les forums communautaires peuvent faciliter l'engagement des personnes avec différentes parties du monde. La technologie peut également aider les activités de sensibilisation et d'engagement du public à transcender les frontières physiques, permettant ainsi d'établir des liens avec des personnes d'horizons divers.

En conclusion, les activités de sensibilisation et d'engagement sont essentielles pour inculquer un sentiment d'appartenance et favoriser les compétences interculturelles et la collaboration dans une société multiculturelle. L'acceptation de la diversité culturelle, l'empathie et la participation civique sont essentielles à la création d'une société où chacun peut se sentir apprécié et respecté et contribuer, en tant que membre de la société, à façonner l'avenir.

Pluralisme culturel et harmonie sociale

La cohésion sociale et l'inclusion dans une société nécessitent l'intégration du pluralisme culturel et de l'harmonie sociale. Il est également important de créer et d'encourager un lien d'unité au sein et entre les personnes afin de renforcer le sentiment d'appartenance à la communauté. La promotion du pluralisme culturel et de l'harmonie sociale est essentielle en Tunisie, un pays qui possède une histoire unique et riche en matière d'échanges interculturels et de coexistence.

La présente section se concentre sur les différents éléments qui favorisent le pluralisme culturel parallèlement à la paix sociale, en particulier les instruments sociaux qui intègrent des populations disparates dans une cohabitation pacifique. Le pluralisme culturel implique l'acceptation d'identités culturelles variées tout en restant dans les limites d'une société englobante. Il accepte l'existence de différentes couches culturelles tout en prônant la compréhension et la réciprocité. Il vise en outre à préserver les coutumes et les traditions qui font partie du patrimoine au sein de la société multiculturelle. En revanche, l'harmonie sociale concerne le degré auquel des individus issus de cultures sociales différentes vivent et travaillent ensemble pour le progrès de la société. Elle implique le développement de l'empathie sociale, la réduction des barrières discriminatoires et la promotion d'un paysage social pour tous, quelle que soit leur condition. La réalisation du pluralisme culturel et de l'harmonie sociale est un défi tant pour les acteurs étatiques que non étatiques. Par exemple, il est essentiel d'encourager les politiques relatives aux programmes d'échanges culturels, aux activités multiculturelles et aux contacts interculturels afin de promouvoir la compréhension et le respect entre les différents groupes. L'investissement dans des équipements culturels tels que les musées et les sites patrimoniaux est une preuve supplémentaire de l'engagement du pays en faveur de sa diversité culturelle.

L'intégration de l'éducation multiculturelle dans les programmes scolaires et la sensibilisation aux différentes traditions, associées à la promotion des valeurs d'acceptation et de tolérance, peuvent aider les écoles à cultiver le pluralisme social et culturel. En outre, la promotion d'initiatives socio-économiques visant à remédier à la situation économique difficile des communautés marginalisées peut contribuer à renforcer la cohésion sociale, car il existe une forte corrélation entre la cohésion économique et la cohésion sociale. Le soutien financier aux communautés marginalisées à des fins d'entrepreneuriat et de formation professionnelle, associé à des opportunités d'emploi équitables, peut contribuer à réduire les inégalités structurelles qui entravent la cohésion sociale. De plus, les initiatives de développement communautaire qui améliorent la répartition équitable des soins de santé, du logement et d'autres infrastructures peuvent favoriser l'intégration sociale, ce qui se traduit par une amélioration du bien-être des personnes de toutes les diversités sociales et culturelles. Pour toutes ces raisons, il est important de rechercher le pluralisme culturel et l'harmonie sociale afin de donner un sentiment d'équité et d'appartenance aux membres de la société. La Tunisie dispose d'un potentiel important pour passer de la simple célébration de la diversité et de la cohésion sociale à l'intégration active du pluralisme social, qui est essentiel pour favoriser à la fois le pluralisme culturel et l'harmonie sociale nécessaires à la prospérité.

Participation économique et développement communautaire

La participation à l'économie et au développement des communautés a des effets importants et positifs sur la solidarité sociale et le bien-être économique d'un pays. Dans le cas de la Tunisie, il est important pour le tissu social du pays de permettre aux groupes minoritaires de participer au développement économique et communautaire. Les initiatives visant à améliorer la situation économique des minorités en Tunisie doivent être multidimensionnelles et inclure l'emploi, le travail indépendant, les compétences et les services financiers. Si la Tunisie crée un climat économique propice et un environnement favorable à la croissance économique des communautés minoritaires, elle pourra tirer parti des avantages que cela apportera en termes de cohésion sociale. Les programmes de développement communautaire destinés aux minorités doivent mettre l'accent sur les infrastructures économiques, sociales et physiques tout en atténuant les désavantages spécifiques et intersectionnels. Le déséquilibre dans le pays peut être corrigé en comblant le déficit en matière d'infrastructures, de soins de santé, d'éducation et de formation professionnelle dans ces zones peuplées par des minorités, ce qui favorisera l'équité et le sentiment d'accomplissement. L'amélioration de l'environnement entrepreneurial dans ces communautés marginalisées stimulera non seulement les économies locales et la croissance de l'emploi, mais favorisera également l'innovation.

En stimulant les initiatives des petites entreprises, en encourageant la création de liens commerciaux et en améliorant l'accès au crédit et à d'autres ressources financières, il est possible de parvenir à une intégration de la propriété et à un dynamisme économique importants dans les communautés ciblées. Le secteur public, le secteur privé, la société civile et tous les autres acteurs internationaux collaborent pour favoriser le développement économique des populations minoritaires. Grâce à l'expertise, aux ressources et au réseau appropriés, des initiatives ciblées peuvent être mises en place pour lutter contre les inégalités économiques et sociales des populations concernées. Ces initiatives doivent être inclusives afin de promouvoir également la croissance économique de la communauté.

Le développement communautaire, la participation économique et, surtout, l'engagement actif des groupes économiquement marginalisés dans la communauté pour lutter contre la pauvreté et les inégalités sont essentiels. Le développement global des investissements et de l'engagement économique peut remplacer les disparités sociales par la cohésion sociale et la prospérité accompagnées de la croissance.

Représentation politique et voix des minorités

La représentation politique est importante, en particulier dans une démocratie, où il est nécessaire d'équilibrer et de concilier toutes les positions et tous les points de vue concernant une décision. Elle est particulièrement pertinente pour les communautés minoritaires, dont les besoins et les attentes diffèrent davantage de ceux de la majorité dans une démocratie.

Le cas de la Tunisie est particulièrement intéressant en raison de sa nature multiculturelle et du problème supplémentaire que pose l'immobilisme du système politique. Pendant longtemps, les populations minoritaires du pays ont souffert d'une privation de droits inquiétante et débilitante en raison d'un manque de représentation politique. Toutes ces questions ont tenté d'apporter une réponse significative au problème et, avec plus ou moins de succès, ont entraîné des changements dans le cadre juridique, les actions sociopolitiques et les campagnes de sensibilisation. Elles ont pris soin de mettre en œuvre la démocratie au niveau local et d'encourager politiquement les populations minoritaires à assumer des fonctions publiques. Elles ont également été au centre de campagnes visant à inverser l'apathie et le désintérêt politique des minorités, qui ont été omniprésents dans certaines actions communautaires. Ces initiatives s'inscrivent dans le cadre plus large de la création de divers organes consultatifs et consultatifs destinés à écouter et à répondre aux problèmes des populations minoritaires. Malgré les efforts considérables de toutes les parties, la question de la représentation politique efficace reste en suspens. Les aspects biaisés et politiquement isolés, ainsi que les sociétés économiquement inégales et stratifiées, les divisions de classe et les systèmes de pouvoir bien établis issus de structures sociopolitiques oppressives, entravent tous l'absorption et l'intégration politique des populations minoritaires. Dans certains cas, les préjugés primaires et secondaires au sein de certaines populations minoritaires politiquement stagnantes et passives ajoutent aux problèmes d'invisibilité dans le système politique.

La complexité des relations intergroupes et la politique identitaire rendent plus difficile la représentation équitable de chaque groupe. Pour relever ces défis, il faut adopter une approche globale qui tienne compte à la fois des systèmes et des attitudes à l'égard de la négligence politique des minorités. Cela nécessite une coopération primaire et une communication active entre les organismes publics, la société civile et les représentants des groupes minoritaires afin de concevoir des politiques et des pratiques appropriées qui renforcent l'inclusion et l'équité. En outre, il est important de favoriser une culture politique imprégnée d'équité et de respect des différences afin de créer un environnement dans lequel les populations minoritaires peuvent s'épanouir et redéfinir l'avenir du pays. En restant engagée dans la collaboration, la Tunisie peut viser à instaurer une démocratie participative plus représentative, fondée sur l'équité et le pluralisme. Cela renforcera à son tour la cohésion sociale et le sentiment d'appartenance de chaque citoyen.

Les défis de l'assimilation et de la résistance au changement

Les sociétés diversifiées sont confrontées à des défis importants en matière de cohésion sociale chaque fois qu'il y a assimilation ou résistance au changement. L'assimilation, qui consiste pour les minorités à adopter la culture dominante et les valeurs de la société majoritaire, se heurte à une forte résistance.

Cette résistance peut provenir de craintes et de préoccupations liées à la discrimination et à la perte culturelle intégrées dans les identités historiques. L'un des arguments contre l'immigration est qu'elle peut conduire à la dissociation de l'identité culturelle et provoquer des troubles. Pour se protéger contre le pluralisme politique et le radicalisme, les communautés minoritaires s'engagent dans des pratiques culturelles. À l'instar de ces communautés, la crainte de perdre leur importance prédominante les pousse à résister aux pressions assimilationnistes. La méfiance à l'égard du changement est tout aussi valable en ce qui concerne les structures sociales dominantes. Pour une multitude de raisons, notamment la discrimination et la discrimination intersectionnelle, les groupes minoritaires ont tendance à considérer l'assimilation et ses processus comme dangereux pour leur autonomie. La négligence dont font preuve les institutions féministes au niveau national aggrave à la fois le problème et la résistance à l'assimilation. La négligence vicieuse concernant l'assimilation du mouvement comprend, outre la discrimination sociale, des structures paradoxales d'opportunités économiques. Les perspectives socio-économiques sombres considèrent ce processus en termes opportunistes et l'inscrivent dans le cadre de l'assimilation. La décision de résister ou d'accepter l'assimilation est inextricablement liée à la lutte entre la ségrégation sociale et la division économique. Les différents ensembles de valeurs et de principes constituent des obstacles importants au processus. Le processus d'assimilation est complexe pour l'ensemble du pays.

La prise en compte des différences religieuses, éthiques et morales pourrait rendre le processus d'assimilation plus difficile. Nous devons aborder de manière stratégique la résistance au changement et les défis que pose l'assimilation.

Cela implique notamment l'élaboration de politiques visant à créer un climat protecteur et inclusif qui permette de rester fidèle aux différents éléments constitutifs de la société et, simultanément, à la mosaïque qui en résulte. En outre, il est essentiel de surmonter les préjugés, de favoriser le dialogue, d'instaurer la confiance et de lutter contre les inégalités systémiques afin de faciliter l'intégration et de surmonter la résistance à l'économie de l'intégration. Comprendre le processus d'assimilation et les obstacles à son changement structurel profond nécessite une compréhension équilibrée et sophistiquée de l'ensemble du système. En reconnaissant et en résolvant ces problèmes, l'objectif serait de créer une société qui atténue les tensions résultant du processus de changement et offre la liberté d'être différent, d'être pleinement autonomisé et d'embrasser les identités culturelles.

Études de cas de modèles d'intégration efficaces

Lorsqu'on étudie les facteurs sous-jacents qui déterminent le fonctionnement des différentes nations, il est important d'identifier les modèles d'intégration réussis qui contribuent à l'harmonie et à la cohésion sociales. Cette section de recherche analyse des études de cas provenant du monde entier et des méthodes efficaces d'intégration des populations minoritaires.

L'étude de cas du Canada et de ses politiques de multiculturalisme est particulièrement remarquable. Le pays a réussi à intégrer de nombreuses communautés d'immigrants grâce à des programmes de formation linguistique et de sensibilisation culturelle financés par le gouvernement, tout en leur permettant de continuer à pratiquer leurs cultures distinctes. Un autre cas remarquable est celui de la Norvège. La Norvège a étendu ses politiques d'éducation inclusive aux groupes minoritaires et a également consacré des ressources sanitaires à leur intégration. Grâce à la fourniture de services interculturels et à l'encouragement des contacts interculturels, la Norvège a adopté une attitude positive dans la gestion de la diversité. En outre, la ville de Malmö, en Suède, a intégré la cohésion sociale et la diversification de l'urbanisme dans le développement communautaire afin de faciliter l'inclusion sociale. Ce programme met l'accent sur la répartition des équipements publics et des services sociaux.

Il convient également de mentionner le succès des politiques d'intégration à Singapour, où des mesures proactives en matière de logement, associées à des politiques économiques favorisant l'inclusion ethnique, ont contribué à la cohabitation pacifique de divers groupes ethniques. Ces études de cas, qui démontrent le succès de l'intégration, sont particulièrement importantes car elles mettent l'accent sur l'inclusion, l'équité et l'appréciation culturelle. En s'inspirant de ces exemples de réussite, les décideurs politiques et les praticiens de l'intégration sociale tunisiens pourront tirer des enseignements importants pour favoriser la cohésion sociale et l'inclusion dans leur société mosaïque.

Perspectives pour la cohésion future dans une société diversifiée

Dans une société diversifiée, la cohésion dépend de l'interaction entre les changements dans la structure démographique, les changements sociopolitiques physiques et culturels et les systèmes de valeurs. Ces éléments structurels caractérisent la société tunisienne, riche en diversité ethnique, religieuse et linguistique. Pour que ces éléments produisent une cohésion sociale, il est nécessaire de développer fortement le pluralisme ainsi qu'une identité nationale commune. Avec l'évolution de la société tunisienne dans le contexte mondial, la capacité à cultiver les facteurs favorisant la cohérence et l'intégration sociale pacifique de ses composantes mérite une attention particulière.

L'inclusion des personnes dans les politiques et les activités visant à promouvoir l'intégration sociale et l'équité dans la représentation est un sujet de préoccupation qui peut étendre ou limiter les perspectives de cohésion sociale. La Tunisie, grâce à des politiques culturelles constructives qui répondent aux griefs culturels et encouragent la participation des minorités à la prise de décision, peut commencer à construire une société mieux intégrée et plus inclusive. En outre, créer un sentiment d'appartenance à une nation, au-delà des identités personnelles, peut contribuer à unifier les personnes et à renforcer l'idée d'appartenance à une Tunisie diversifiée, avec un patrimoine et des liens communs. L'éducation est un domaine d'influence majeur pour l'avenir de la cohésion sociale. En intégrant la diversité et l'inclusion comme fondement des programmes éducatifs et en mettant ainsi en valeur les réalisations de tous les secteurs de la société, la Tunisie peut former une future citoyenneté qui apprécie la diversité et est disposée à promouvoir l'inclusion. Les programmes d'éducation de proximité qui favorisent la compréhension interculturelle et la tolérance, ainsi que la citoyenneté responsable, peuvent renforcer la cohésion sociale grâce à l'intégration de groupes sociaux divergents. En outre, les perspectives d'avenir en matière de cohésion sociale nécessitent la réalisation d'une croissance équitable et inclusive.

La Tunisie peut promouvoir l'égalité d'accès aux opportunités sociales en favorisant l'équité dans l'accès aux opportunités, aux ressources et aux services dans toutes les communautés, afin que chaque individu contribue au développement de la nation et se sente valorisé et responsabilisé. En encourageant l'esprit d'entreprise, les compétences et les opportunités d'emploi adaptées à diverses catégories démographiques, nous pouvons renforcer la cohésion sociale grâce à la création d'une agence économique. L'évolution du paysage politique tunisien a également un impact sur la trajectoire de la cohésion sociale. Le manque de confiance dans la démocratie peut être comblé en veillant à ce que les voix minoritaires soient entendues au sein du gouvernement, tout en encourageant un dialogue ouvert et une prise de décision participative. Les efforts visant à réduire la discrimination et la marginalisation tout en respectant les droits de tous les citoyens, quelle que soit leur origine, renforcent les fondements d'une cohésion sociale résiliente et de frontières sûres.

Les perspectives d'avenir de la cohésion sociale en Tunisie dépendront de l'intégration des questions de diversité et de la mise en place de politiques sociales dominantes et clivantes. L'unité dans la diversité devrait être la valeur commune et l'aspect fondamental de l'identité nationale. L'engagement et la contribution significatifs de tous les segments de la société pour favoriser la cohésion sociale sont également essentiels.

La célébration de sa diversité par la Tunisie, parallèlement à son engagement durable en faveur de l'équité, de l'inclusion et de la justice sociale, lui permettra de construire une société où les différences ne sont plus seulement acceptées, mais considérées comme une source de cohésion et de progrès.

Pour en savoir plus

Aperçu général et contexte historique

1. Abu-n-Nasr, J. M. (1987). A History of the Maghrib in the Islamic Period*. Cambridge University Press.

2. Perkins, K. (2014). A History of Modern Tunisia (2e éd.). Cambridge University Press.

3. Davis, D. (2011). Resurrecting the Granary of Rome: Environmental History and French Colonial Expansion in North Africa. Ohio University Press.

Minorités, identité nationale et pluralisme culturel

4. Maddy-Weitzman, B. (2011). Le mouvement identitaire berbère et le défi pour les États d'Afrique du Nord. University of Texas Press.

5. Braham, R. (éd.). (2015). Le Vatican et l'Holocauste : l'Église catholique et les Juifs. Routledge. (Voir également : « Les Juifs d'Afrique du Nord et l'Holocauste »).

6. Kymlicka, W. (1995). Citoyenneté multiculturelle : une

théorie libérale des droits des minorités. Oxford University Press.

7. Parekh, B. (2000). Repenser le multiculturalisme : diversité culturelle et théorie politique. Harvard University Press.

Politique stratégique, intégration et représentation politique

8. Bloemraad, I. (2006). Devenir citoyen : l'intégration des immigrants et des réfugiés aux États-Unis et au Canada. University of California Press.

9. Phillips, A. (1995). La politique de la présence. Oxford University Press.

10. Organisation de coopération et de développement économiques (OCDE). (2018). Travailler ensemble pour l'intégration locale des migrants et des réfugiés. Éditions OCDE.

Éducation, engagement civique et participation économique

11. Banks, J. A. (éd.). (2009). The Routledge International Companion to Multicultural Education. Routledge.

12. Putnam, R. D. (2000). Bowling Alone: The Collapse and Revival of American Community. Simon & Schuster.

13. Sen, A. (1999). Le développement comme liberté. Alfred A. Knopf.

Études de cas de modèles d'intégration efficaces

14. Banting, K., & Kymlicka, W. (Eds.). (2017). Les tensions de l'engagement : les sources politiques de la solidarité dans les sociétés diversifiées. Oxford University Press.

15. Vertovec, S., et Wessendorf, S. (Eds.). (2010). Le retour de bâton du multiculturalisme : discours, politiques et pratiques européens. Routledge.

Analyse contemporaine spécifique à la Tunisie

16. Allani, A. (2013). L'Assemblée constituante tunisienne post-révolutionnaire : le miracle et le mirage. The Journal of North African Studies, 18(2), 327-335.

17. Gana, N. (Éd.). (2013). La genèse de la révolution tunisienne : contextes, architectes, perspectives. Edinburgh University Press.

18. Meddeb, H. (2017). Visions périphériques : public, pouvoir et performance dans la révolution tunisienne. Columbia University Press.

7
Migration et capacité de l'État
Gérer les flux contemporains

Un aperçu des tendances migratoires en Tunisie

La Tunisie est depuis longtemps un lieu où des personnes du monde entier viennent vivre et travailler. Cela s'explique par sa situation géographique, à la jonction entre la mer Méditerranée et le reste de l'Afrique. Les motivations économiques, l'instabilité politique dans les pays voisins et les conflits outre-mer ont influencé l'afflux continu de migrants en Tunisie. Les questions intrarégionales et internationales dominent les cadres sociaux, économiques et politiques qui façonnent la Tunisie d'aujourd'hui. Il serait réducteur de suggérer que les mouvements de population ont été unidirectionnels, en particulier dans le contexte de la Tunisie, qui a accueilli des flux migratoires en provenance de pays d'Afrique subsaharienne tels que le Mali, le Nigeria et la Côte d'Ivoire. En outre, les guerres et autres problèmes sociaux et politiques déclenchent des migrations en provenance du Moyen-Orient et d'Afrique du Nord. Des registres détaillés sur l'accueil des migrants indiquent que le nombre de personnes entrant dans le pays fluctue en fonction des changements dans la région et de l'économie mondiale. Nous avons également assisté à des changements progressifs dans les schémas de migration internationale vers la Tunisie. Ces tendances ont conduit les autorités tunisiennes et d'autres décideurs clés à élaborer des politiques migratoires qui répondent aux effets sociaux de la migration sur la Tunisie.

Les parties prenantes évaluent la complexité des tendances migratoires, identifient les obstacles et les lacunes en matière de demande et apprécient la valeur que les migrants apportent au paysage socio-économique tunisien.

Cette compréhension est essentielle et constitue la base d'une approche sophistiquée visant à élaborer des politiques qui équilibrent les problèmes liés à la migration et la nécessité d'un engagement sociétal plus large des migrants.

Le contexte historique de la migration et son impact sur la capacité de l'État

L'histoire de la migration en Tunisie va de pair avec le développement du pays en tant que lieu de rencontre de nombreuses cultures. Nous pouvons remonter à l'Antiquité, lorsque les Phéniciens, puis les Romains, ont transformé la région. La riche histoire du pays en tant que centre de contacts culturels, économiques et stratégiques est liée à la migration. Les nouveaux aliments, dialectes et coutumes dont le pays a bénéficié à partir du VIIe siècle et au cours des siècles suivants, à la suite des conquêtes et de la conquête ottomane, en plus des extensions coloniales, ont également eu une importance considérable. Ces migrations, associées à la riche culture tunisienne, ont apporté une nouvelle dimension religieuse et ethnique à la région, façonnant son caractère et sa société actuelle. Les systèmes sociopolitiques et économiques issus des émigrations ont façonné le potentiel migratoire de l'État.

D'un point de vue politique, la gestion de l'immigration et les droits des minorités ont toujours été des questions importantes pour la gouvernance. Cela implique un équilibre délicat entre l'intégrité nationale et la disponibilité d'un espace culturel. Sur le plan social, la migration a contribué à enrichir la mosaïque culturelle de la Tunisie et à former une société diversifiée. Il est nécessaire de reconnaître que l'intégration des personnes, la cohésion sociale et la distribution des services ont nécessité une planification et des modifications importantes de la part du gouvernement. Sur le plan économique, la migration a favorisé la diversification des ressources, des compétences et des connaissances apportées au pays. Le développement a été inégal et la concurrence pour les ressources et les installations a rendu la tâche difficile aux gouvernements et aux diplomates. Il est essentiel de comprendre les histoires migratoires existantes dans de nombreux États pour envisager d'autres possibilités, et la Tunisie joue un rôle particulièrement important dans la migration mondiale, qui est plus intégrée et marquée par des tendances mondiales.

Cadre politique pour la gestion des migrations

L'environnement sociopolitique de la Tunisie, qui inclut la migration, souligne la nécessité de concevoir des politiques optimales pour une gestion efficace de la migration. La migration, qui comprend de nombreux facteurs tels que les aspects économiques, sociaux, sécuritaires et humanitaires, nécessite une stratégie visant à traiter ces différents aspects. Si le cadre politique doit encourager la migration, préserver la sécurité et garantir les droits et libertés fondamentaux, il doit également intégrer les migrants de manière productive dans la société afin de stimuler la croissance économique et de renforcer la mosaïque culturelle du pays.

La politique migratoire devrait établir des processus pour l'application, le contrôle et la suppression définis des frontières, qui comprennent l'accès et les zones de résidence ultérieure ainsi que leur sortie. Les migrants comprennent les personnes dont l'emploi peut soutenir la croissance économique, ainsi que les conjoints, les membres de la famille en quête de regroupement familial, les demandeurs d'asile et les migrants en situation irrégulière. Il convient d'établir des procédures et des règles politiques claires concernant les migrants, ainsi que des procédures d'enregistrement, de protection des droits et de lutte contre les abus ou l'exploitation.

Il est important de mettre en place des politiques en matière de statut qui établissent un juste équilibre entre les responsabilités de la Tunisie envers le monde et ses propres politiques. Il convient de mettre en place des stratégies qui précisent le contrôle des frontières, la traite, le trafic et la migration en réponse à l'amélioration des politiques.

Dans ce contexte, le cadre doit envisager une approche internationale et régionale tout en conservant l'autonomie des approches internes. Plus important encore, le cadre politique doit tenir compte de l'élaboration de politiques institutionnelles de gestion des migrations et de politiques migratoires, ainsi que de l'élaboration de politiques connexes. Le système d'immigration, la police et les services sociaux ont besoin de ressources, de formations et d'une coordination appropriées. En outre, le cadre implique la formulation de la politique de gestion des migrations et la fourniture de ressources et de soutien pour promouvoir la société civile, les universitaires et leur intégration dans le système migratoire. Une autre caractéristique clé de la politique est le développement de la communication et de la coordination interinstitutionnelles aux niveaux national, sous-régional et local de l'État. Cette structure renforce la politique en offrant un nouveau niveau de connaissances, de données et un cadre de gouvernance et de prise de décision unifié pour gérer plus efficacement la politique migratoire. Enfin, le cadre politique doit inclure des options pour la politique migratoire et la capacité de s'adapter aux changements en matière de migration, de politique mondiale et de politique sociale. Le cadre permet d'atteindre un équilibre et une flexibilité dans la réaction aux changements dans les flux de population en intégrant un système de formation, un système de changement et des intervalles qui s'adaptent aux évolutions des schémas migratoires et aux réponses au niveau national.

En conclusion, l'élaboration d'une politique complète de gestion des migrations doit être inventive et holistique, axée sur la sécurité, mais intégrant également les questions humanitaires, favorisant l'intégration et équilibrant les aspects positifs de la migration. La Tunisie a besoin d'un cadre politique de ce type pour gérer correctement les flux migratoires actuels et participer au débat plus large sur la manière de gérer les migrations.

Rôles institutionnels dans la gestion des migrations

La gestion des migrations est un sujet complexe qui implique la coordination de nombreuses organisations au sein de la structure de l'État tunisien. Le premier point de contact avec les émigrants en Tunisie est le ministère de l'Intérieur et le ministère des Affaires étrangères, qui jouent un rôle important dans l'élaboration et la mise en œuvre de la politique d'émigration. Le contrôle des frontières, la surveillance générale et la mise en œuvre des restrictions en matière d'immigration relèvent de la responsabilité du ministère de l'Intérieur, tandis que le ministère des Affaires étrangères participe à la collaboration internationale en matière de politique migratoire. Ensemble, ces organisations sont chargées d'assurer la sécurité nationale et le contrôle des frontières en Tunisie, tout en renforçant les relations internationales avec les pays clés en matière de migration. Le ministère de la Justice joue également un rôle crucial dans la migration à travers la gestion de l'asile et la protection des droits humains des migrants et des réfugiés en Tunisie.

En outre, le département de la protection sociale travaille avec des partenaires nationaux et étrangers pour fournir une assistance et des services sociaux aux migrants et les aide à s'intégrer et à s'épanouir dans la société tunisienne. L'Institut national de la statistique contribue de manière essentielle à la collecte et à l'analyse des données sur les migrations, ainsi qu'à la formulation des politiques migratoires et des structures de gouvernance. De plus, la coopération des autorités locales est essentielle à l'accueil et à l'intégration des migrants dans la région. Ces fonctions institutionnelles, dans leur ensemble, incarnent l'approche intégrée de la gestion des migrations en Tunisie, témoignant de la détermination du gouvernement à résoudre les problèmes créés par les processus migratoires. Néanmoins, des difficultés telles que le manque de financement, le degré de coordination et de collaboration entre les nombreux acteurs concernés, et même l'attitude générale à l'égard des migrations sont autant de facteurs qui déterminent l'efficacité des fonctions de l'institution dans la gestion des migrations. Pour résoudre ces problèmes, les agences gouvernementales, la société civile et même les acteurs mondiaux doivent travailler ensemble et rester impliqués afin de créer des systèmes complets et intégrés de gestion des migrations. En repensant les rôles institutionnels et en renforçant la coordination, la Tunisie renforcerait immédiatement sa capacité à répondre à la dynamique des migrations tout en soutenant la protection des migrants et les objectifs de l'État.

Implications socio-économiques des tendances migratoires

Le phénomène migratoire présente à la fois des complexités et des opportunités pour le pays d'accueil. Sur le plan socio-économique, les schémas migratoires ont des effets durables sur de nombreux aspects de la société et de l'économie tunisiennes. Tout d'abord, la migration entraîne des changements dans la population et le marché du travail. L'augmentation de la migration diversifie la main-d'œuvre et comble les postes difficiles à pourvoir dans les secteurs en sous-effectif ou en sureffectif, ce qui peut améliorer la productivité et stimuler la croissance économique. Il est concevable et plus simple pour l'économie de croître si les secteurs de la construction, de l'agriculture et des services du pays sont rationalisés de manière adéquate. Cependant, l'économie aurait besoin de politiques de construction solides pour soutenir des environnements de travail éthiques et des interactions positives entre les employés. En outre, les migrants contribuent à la diversification culturelle et peuvent encourager les échanges culturels. De telles mesures renforcent le tissu social du pays tout en améliorant les possibilités de collaborations commerciales et créatives. Cependant, cette diversité culturelle peut également entraîner des obstacles sociaux et des tensions en matière d'identité, d'intégration, d'harmonie sociale et d'inclusion, ce qui nécessite la mise en place de politiques concrètes et une cohésion sociale active. D'autre part, les services sociaux, sanitaires, éducatifs et de logement fournis aux migrants et à leurs familles peuvent être considérablement améliorés afin de renforcer les services publics et les infrastructures. La santé et la participation active des migrants et de leurs familles au système socio-économique sont garanties par leur accès fluide et simple aux services et aux infrastructures publiques proposés, ce qui renforce la nécessité pour le public d'être inclusif et accessible à tous.

Ces facteurs soulignent la nécessité de formuler des politiques qui mettent l'accent sur l'accès, l'équité et l'inclusion dans la prestation des services. En outre, l'argent que les Tunisiens vivant à l'étranger envoient dans leur pays est une ressource précieuse pour l'économie, car il contribue à l'apport de devises étrangères, à l'investissement et même à la réduction de la pauvreté. Par conséquent, le maintien de relations diplomatiques productives avec la diaspora et la mise en place de politiques permettant d'utiliser les transferts de fonds pour le développement durable sont des piliers essentiels de la projection de la Tunisie. La complexité du modèle migratoire tunisien est évidente. Il est étroitement lié à l'économie, à la société, à la main-d'œuvre et à la culture. Ces aspects sont souvent qualifiés de facteurs socio-économiques. La Tunisie assume une responsabilité importante en raison de tendances migratoires socio-économiques complexes. On parle généralement de ces facteurs comme des effets sociaux et économiques de la migration. Pour résoudre les problèmes liés à la migration, nous devons recourir à des méthodes démocratiques et internationales. Les changements de politique doivent être conformes aux objectifs socio-économiques tout en comblant les lacunes et en résolvant les problèmes qui en découlent.

Préoccupations en matière de sécurité et mesures de contrôle des migrations

La migration est l'un des facteurs qui affectent la sécurité mondiale, et elle concerne la Tunisie. L'afflux de migrants engendre de nombreux risques pour la sécurité, ce qui nécessite la mise en place de lois et de mesures de contrôle des migrations appropriées. Dans ce contexte, l'immigration clandestine et les activités criminelles qui l'accompagnent, telles que la traite des êtres humains, le trafic de drogue et le terrorisme, constituent un problème de sécurité important. Ces activités tirent parti de l'insuffisance des contrôles migratoires et de la sécurité aux frontières et représentent ainsi des dangers pour la sécurité tant à l'intérieur qu'à l'extérieur de la Tunisie. Il est donc nécessaire de mettre en place des contrôles migratoires plus stricts pour lutter contre ce type de dangers. La Tunisie a mis en œuvre diverses mesures de contrôle des migrations afin de répondre aux préoccupations en matière de sécurité. Il s'agit notamment d'un meilleur contrôle des frontières, d'une surveillance accrue, de l'utilisation de technologies de détection et de surveillance, et d'une coordination entre les services répressifs. De plus, la création et l'application de règles et de procédures de contrôle de l'immigration se sont avérées très efficaces pour mettre fin à l'immigration illégale et aux crimes qui accompagnent la violation de la loi. En outre, la coopération transfrontalière a considérablement renforcé la capacité de la Tunisie à restreindre la migration en lui permettant de partager des informations, de collaborer dans le cadre d'opérations et de vérifier la conformité de ses politiques et de ses règles. Au-delà de ces préoccupations se pose la question du contrôle responsable et éthique de la migration.

Le contexte du contrôle des frontières nécessite la sensibilisation et la protection des droits humains des migrants vulnérables. Il est difficile de concevoir et de mettre en œuvre une politique qui traite à la fois des défis sécuritaires et humanitaires. En encourageant le traitement compatissant des migrants, en facilitant l'accès à la justice et, si possible, en aidant à l'assimilation, la stratégie de la Tunisie vise à trouver un équilibre. Il est important de rappeler que des mesures efficaces de contrôle des migrations ne doivent pas violer les droits humains fondamentaux ni rendre la communauté des migrants plus vulnérable. La capacité à intégrer les résultats en matière de sécurité et d'aide humanitaire est un facteur essentiel pour mettre en place une gouvernance migratoire respectueuse du droit et humaine. Dans le cadre de cette discussion, la position de la Tunisie consiste à relever les défis en matière de sécurité de manière raisonnée en ce qui concerne la gestion des migrations.

Coopération internationale et accords bilatéraux

En Tunisie, les relations internationales et les accords bilatéraux ont un impact remarquable sur la gestion des flux migratoires actuels. Dans le cadre de la diplomatie, ces accords contribuent à faciliter les contacts techniques bilatéraux grâce à une collaboration ciblée sur les questions migratoires. Ces accords bilatéraux énoncent les droits et obligations juridiques des pays migrants et interlocuteurs, et prévoient un dialogue sur les procédures de migration légale, le rapatriement des migrants et la collaboration sur les problèmes migratoires.

Ces accords contribuent souvent au contrôle des frontières, à la facilitation des visas, à la mobilité de la main-d'œuvre et à la protection des droits des travailleurs migrants. Les migrants sont traités avec respect et maintenus dans l'ordre. Les migrants en Tunisie bénéficient d'accords appropriés qui garantissent une migration réglementée et la préservation de leurs droits. Le contrôle des frontières, la gestion des visas et l'expulsion des migrants fonctionnent tous. Les objectifs transnationaux concernent la migration irrégulière, la traite des êtres humains et la criminalité transnationale en Tunisie et dans les pays cibles. Un cadre équilibré définit ces objectifs, accordant une importance égale à la sécurité des frontières et aux droits de l'homme. Ces objectifs concilient la sécurité des frontières et le respect des droits de l'homme. Les objectifs internationaux comprennent le contrôle des frontières et les normes transnationales. Les politiques migratoires humanitaires de la Tunisie s'appliquent à toutes les personnes, quel que soit leur statut d'immigration. Les principaux participants à ces accords sont les pays de l'UE. La Tunisie partage des frontières avec des États membres de l'UE, et ces États sont responsables des frontières critiques qui restreignent la circulation des migrants de l'Europe vers l'Afrique du Nord. L'Europe et l'Afrique du Nord surveillent strictement les frontières entre la Tunisie et l'UE. Les frontières de base et le contrôle des frontières sont basés sur les frontières de l'Europe, en particulier les frontières contrôlées de la Tunisie. Ces flux migratoires ont rendu difficile l'accès aux stratégies frontalières de l'UE, car les frontières sont très fréquentées. Ces accords englobent également le contrôle des frontières, la gestion et le partenariat avec les pays du Maghreb pour faire face aux activités d'espionnage en Algérie et en Libye. La Tunisie renforce en outre le contrôle des accords frontaliers à ses points de passage grâce à des mécanismes de traitement, de collaboration, d'opérations frontalières mutuelles et de soutien. Le contrôle des frontières implique des relations clés et transversales, une coordination transnationale et une stratégie sans frontières.

En outre, la collaboration internationale et les relations bilatérales vont au-delà des questions de sécurité et de contrôle des frontières. Elles concernent également des questions liées au développement, à l'intégration et à la défense des droits des migrants. La Tunisie utilise ces collaborations pour promouvoir l'intégration socio-économique des migrants, les interactions interculturelles et la lutte contre la discrimination. La Tunisie traite les problèmes liés à la migration de manière à protéger les droits fondamentaux et le bien-être de toutes les personnes concernées, tout en obtenant des résultats à long terme, globaux et durables. La Tunisie doit continuer à travailler avec d'autres pays et à conclure des accords avec eux afin d'établir et de maintenir de bonnes relations à mesure que la migration évolue. En connaissant ses intérêts communs, la Tunisie peut renforcer sa capacité à faire face aux problèmes et à exploiter les opportunités offertes par les mouvements migratoires actuels. Elle peut également jouer un rôle plus important au sein de la communauté internationale en participant activement à la politique migratoire.

Considérations relatives aux droits de l'homme et à l'intégration des migrants

Lorsqu'on aborde la question des migrations, il est essentiel de souligner l'importance des droits de l'homme et la nécessité d'aider les migrants à s'intégrer. Il est essentiel de mettre en place un cadre relatif aux droits de l'homme qui protège la dignité de tous les individus, y compris les migrants, qu'ils aient des papiers ou non.

Ils ont également le droit de ne pas être traités de manière injuste et de bénéficier de soins de santé, d'une éducation et d'un traitement équitable au travail. Faciliter l'intégration sociale des migrants dans le pays d'accueil profite à la fois aux migrants et au pays d'accueil en favorisant la cohésion sociale et la croissance globale. Les stratégies et les activités d'intégration des migrants devraient, dans une certaine mesure, inclure la citoyenneté du pays d'accueil. Au-delà des aspects économiques de l'intégration, la participation civique et culturelle est également essentielle pour établir des sociétés plus intégrées. La communication interculturelle et la formation linguistique, la formation professionnelle structurelle et d'autres formes d'éducation abordent et traitent les questions de migration dans le pays d'accueil. Fournir aux migrants le cadre et les outils sociaux nécessaires les aide à participer pleinement et activement à la croissance sociale et économique du pays d'accueil, ce qui contribue finalement à l'établissement d'une société cohésive et inclusive. Il est essentiel de garder à l'esprit que tous les migrants ne bénéficient pas des mêmes conditions sociales et économiques. Les femmes, les enfants et les réfugiés constituent des populations spécifiques et vulnérables qui sont confrontées à des difficultés particulières qui nécessitent une attention accrue. Il est essentiel de mettre en place des politiques et des structures de soutien plus inclusives en matière d'égalité des sexes, ainsi que des mécanismes législatifs visant à combler les lacunes dans les situations particulières auxquelles ces femmes, ces enfants et ces réfugiés sont confrontés. En outre, les circonstances particulières des réfugiés qui ont besoin d'une protection internationale et les procédures d'asile doivent être reconnues et respectées, car elles représentent des droits humains fondamentaux qui doivent être traités en conséquence. Parmi les différents aspects de la migration que le gouvernement tunisien doit aborder, il est essentiel que les politiques élaborées soient conformes aux normes en matière de droits humains dans la région. Les autres parties prenantes qui évaluent les politiques migratoires ont la responsabilité de s'y conformer.

La législation exige la conception et la mise en œuvre de programmes élaborés qui défendent les droits des migrants et favorisent leur pleine intégration dans le tissu social tunisien. Ce type de programmes répond à des normes morales et permet également aux personnes de se rassembler et de contribuer à la prospérité du pays. C'est également la promotion de l'intégration des migrants, parallèlement au respect et à la mise en œuvre de leurs droits, qui témoigne d'une approche plus moderne et plus intelligente pour faire face aux schémas migratoires actuels. La Tunisie est en mesure de faire preuve d'une approche inclusive, d'un développement de la cohésion sociale et d'une amélioration de la protection juridique, ce qui la présente comme un leader et un exemple de compassion en matière de gouvernance migratoire au niveau international.

Problèmes liés à une gouvernance efficace des migrations

La gouvernance des migrations présente plusieurs défis pour la gestion efficace des flux migratoires vers la Tunisie. L'un des principaux problèmes est le manque de statistiques et d'informations précises sur la communauté migrante, ses caractéristiques démographiques et son intégration dans le cadre socio-économique tunisien. Les décideurs politiques et les acteurs importants dans le domaine de l'élaboration des politiques migratoires ne sont pas en mesure de concevoir des mesures bien ciblées et fondées sur des données probantes en l'absence de données fiables et actualisées. En outre, la jurisprudence et la politique migratoire actuelles peuvent parfois présenter des lacunes et des contradictions internes, ce qui entraîne une ambiguïté quant aux droits et obligations des migrants et des membres de la société d'accueil.

De plus, l'application des politiques et des réglementations en matière de migration est, dans une large mesure, difficile, en particulier dans les zones frontalières éloignées où le système de contrôle des migrations est, par définition, fragile. Les aspects socio-économiques de la migration, tels que l'emploi et l'accès de la population aux services de base, en particulier la santé et l'éducation, ont tendance à surcharger les équipements et les services publics, ce qui, à son tour, engendre des troubles sociaux. En outre, l'absence de moyens efficaces de connexion et d'intégration entre les migrants et les résidents des sociétés d'accueil se traduit souvent par des fossés sociaux non exprimés et par la présence d'obstacles linguistiques et autres. La sécurité est l'un des fossés sociaux importants. Des préoccupations sécuritaires sophistiquées et complexes ont conduit à la criminalisation d'organisations criminelles transfrontalières de plus en plus obscures et mondialisées. La plupart des défis en matière de sécurité sont plus faciles à relever que ces activités illicites complexes et transfrontalières.

Pour s'adapter à l'évolution des schémas et des itinéraires migratoires, la politique frontalière et le contrôle de l'immigration doivent être à la fois stricts et flexibles. Afin d'empêcher l'exploitation et la traite des migrants, les forces de l'ordre et les autorités de contrôle doivent faire preuve de prudence. La complexité des migrations internationales implique une coordination et une coopération avec les pairs et les institutions supranationales, ce qui pose souvent des défis diplomatiques et géopolitiques. Dans le cadre de partenariats bilatéraux et multilatéraux, une implication continue, associée à une compréhension et une confiance mutuelles, est essentielle pour relever les défis communs en matière de migration et garantir le transit ordonné des personnes à travers les frontières. Dans le contexte social tunisien, des préoccupations non résolues peuvent surgir en raison de la résistance sociale et de la xénophobie à l'égard des communautés frontalières. Les préoccupations en matière de gouvernance générées par les complications liées à la migration peuvent être résumées par l'expression suivante : « Quelle que soit la profondeur des préjugés, l'inclusion et la diversité peuvent être encouragées. » Nous devons agir parce que nous comprenons la difficulté que cela implique. C'est notamment pour cette raison que la gouvernance migratoire en adaptation profonde, dans le cas de la Tunisie, est mieux abordée en termes d'engagement maximal et de réactivité face à l'opacité et à la fragmentation existant au sein de l'agence. Cela est vrai pour la Tunisie.

Orientations futures et recommandations politiques

En Tunisie, la seule voie à suivre pour la gouvernance migratoire consiste à adopter une approche politique qui réponde aux principaux défis sous-jacents à ses difficultés géopolitiques et organisationnelles. Alors que le pays cherche à gérer les complications liées à ses frontières, il aura besoin d'une politique migratoire proactive qui équilibre les normes mondiales et les réalités locales. Savoir où les gens se déplacent reste un élément clé de l'élaboration des politiques. Il est essentiel de mettre en place des mesures politiques visant à améliorer la contribution des migrants et à limiter les répercussions négatives de la migration sur les communautés d'accueil, ainsi que des mesures politiques spécifiques à chaque région. La mise en place de politiques efficaces nécessiterait alors une coordination complexe tant au sein du pays qu'avec les autres pays. Il est important de disposer de collaborations transfrontalières suffisantes. Enfin, l'intégration des institutions améliore encore la gouvernance migratoire en renforçant la coordination. Un meilleur contrôle des frontières aux niveaux municipal et régional, des procédures d'asile plus simples et des mesures visant à inclure les migrants aident l'État à mieux contrôler et gérer les migrations. Une meilleure coopération entre les agences améliore la gouvernance interne et le contrôle des frontières en facilitant la collaboration entre les services chargés de l'application de la loi, du contrôle des frontières, des migrations et de l'aide aux réfugiés. En outre, la Tunisie devrait renforcer la coopération en matière de politique migratoire et les traités bilatéraux afin de réglementer efficacement les migrations au sein du pays.

La collaboration avec les pays voisins, les organisations régionales et les groupes internationaux peut faciliter la mise en place de règles communes en matière de migration, d'assistance et de partage d'informations. La Tunisie pourrait aborder la migration comme une question mondiale importante sur le plan géopolitique en participant à des forums multilatéraux et à des accords internationaux, tirant ainsi parti des meilleures pratiques mondiales grâce à une collaboration internationale. À la lumière de ces inspections, l'adoption d'une politique et de procédures migratoires fondées sur les droits de l'homme est une nécessité. Une stratégie migratoire fondée sur les droits, qui respecte et défend les droits des migrants, soutient la non-discrimination et encourage l'inclusion sociale, est essentielle. Affirmer la dignité et l'autonomie des migrants de toutes catégories, y compris ceux en situation irrégulière, est, à tout le moins, une obligation internationale pour la Tunisie et socialement souhaitable pour atteindre les objectifs d'intégration et d'harmonie nationales. Dans ce contexte, la Tunisie est un exemple en matière de gouvernance migratoire ; il est essentiel de disposer de politiques proactives dotées de ressources suffisantes pour assurer un suivi, une évaluation et les révisions nécessaires en continu. Les mouvements migratoires, en tant que priorité politique, constituent un ensemble de phénomènes en constante évolution et en mutation dynamique. Il est essentiel d'être proactif afin que, lorsque des mouvements se produisent sur le terrain, les instructions et mesures politiques correspondantes soient en place. L'innovation est essentielle, mais il est tout aussi important de prendre des décisions fondées sur des données probantes concernant les procédures et d'inclure tout le monde afin que les politiques migratoires soient pertinentes, mises en œuvre et efficaces.

La Tunisie deviendra un leader en matière de gouvernement progressiste et durable sur les questions et les changements liés à la migration en suivant ces orientations stratégiques et ces suggestions.

Références pour approfondir le sujet

La révolution constitutionnelle et la politique identitaire

1. Marks, M. (2014). Convaincre, contraindre ou compromettre ? L'approche d'Ennahda à l'égard de la Constitution tunisienne. Brookings Institution.

2. Wolf, A. (2019). La Constitution tunisienne issue d'un compromis : un modèle pour la région ? The Journal of North African Studies, 24(1), 1-23.

3. Gana, N. (2013). La genèse de la révolution tunisienne

: contextes, architectes, perspectives. Edinburgh University Press.

Salafisme et polarisation religieuse

4. McCarthy, R. (2015). Le salafisme et l'État : activisme islamique et identité nationale dans la Tunisie contemporaine. Bloomsbury Academic.

5. Merone, F. (2015). La lutte des classes persistante en Tunisie : la lutte pour l'identité au-delà de l'islam politique. Mediterranean Politics, 20(2), 1-18.

Justice transitionnelle et mémoire collective

6. Fisher, J. (2019). Tunisie : la promesse de la justice transitionnelle. Une analyse de la gestion des conflits après le Printemps arabe. Springer VS.

7. Slyomovics, S. (2021). La Commission tunisienne pour la vérité et la dignité et la politique de la victimisation. The Journal of North African Studies, 26(5), 881-900.

Société civile et contre-mouvements

8. Beaumont, P. (2013). Les sécularistes tunisiens : la lutte pour un État civil. The Guardian. (Et analyses universitaires ultérieures de la « Ligue tunisienne pour la défense de la laïcité »).

9. Allal, A., & Geisser, V. (2018). Tunisie : Une démocratisation au-dessus de tout soupçon ? Critique Internationale, 81(4), 21-42.

La crise du modèle démocratique

10. Ayari, M. B. (2021). Tunisie : la révolution comme cartographie du pouvoir. The Carnegie Endowment for International Peace.

11. Boubekeur, A. (2017). Islamistes, laïcs et élites de l'ancien régime en Tunisie : une concurrence négociée. Middle East Policy, 24(3), 55-71.

12. International Crisis Group. (2021). Relever le défi de la crise de confiance en Tunisie. Rapport sur le Moyen-Orient et l'Afrique du Nord n° 221.

8
Divisions idéologiques au sein de l'unité nationale

Islamistes, laïcs et transition démocratique

Contexte historique du spectre idéologique en Tunisie

La propagation des idéologies en Tunisie a toujours été associée au développement social et politique du pays. Au fil des ans, depuis ses fondations carthaginoises antiques jusqu'à l'époque moderne, le pays a connu une recrudescence de courants de pensée divers qui ont, à leur tour, façonné l'unité nationale du pays. La Tunisie a toujours été une zone composite d'idéologies juxtaposées et entremêlées, allant des coutumes tribales et des principes islamiques aux concepts politiques coloniaux et modernes. La Tunisie d'aujourd'hui reflète les leçons méconnues tirées des luttes passées tout au long de son histoire. La Tunisie a connu une succession ininterrompue d'événements qui ont façonné ses idéologies. Ces époques ont contribué à modifier les croyances idéologiques du pays. La phase préislamique a été marquée par l'installation des Berbères indigènes, des occupants romains et des Phéniciens, qui ont changé à jamais le pays et ses idéologies. Les Berbères et les Phéniciens se sont installés en Tunisie, ont noué des liens avec les Romains et ont adopté presque tous les aspects de leur culture sur une longue période. Puis est venue la période de la domination coloniale, qui a encore une fois modifié les idéologies du pays.

La Tunisie a connu la domination coloniale française, qui a provoqué des fractures dans les normes et coutumes sociales existantes et introduit des idées laïques et occidentales qui ont fondamentalement changé de nombreux aspects du pays. C'est plus tard au cours de cette période que s'est développée l'interaction complexe entre l'héritage islamique du pays, la modernité laïque et les aspirations à l'identité nationale. Tous ces éléments ont, à l'époque, influencé les divisions idéologiques qui ont encore aujourd'hui un impact sur la Tunisie actuelle. Le reste du monde a considéré la lutte pour l'indépendance comme une occasion de renforcer les clivages idéologiques et de susciter une controverse bien nécessaire. Les nationalistes ont introduit de nombreuses idées dans le tissu social tunisien, allant des subtilités de l'islam aux concepts inachevés de la politique moderne, du socialisme et même du panarabisme. Au cours de cette période, l'indépendance de la Tunisie a attiré l'attention car elle symbolisait l'union d'idées islamiques diverses, souvent contradictoires, qui visaient à créer une identité inclusive. Le passé idéologique global de la Tunisie incarne ce que le pays a dû traverser pour surmonter les phénomènes divers et complexes auxquels plusieurs autres nations ont été confrontées. Aujourd'hui, la lutte pour préserver l'unité nationale, ainsi que « l'amnésie historique » récemment proposée par de nombreuses personnes, nous rappellent encore que ces phénomènes sont bien présents dans le tissu politique et social du pays.

Mouvements islamistes et participation politique

Les développements politiques en Tunisie ont montré que les organisations islamistes telles qu'Ennahda ont obtenu le soutien et l'acceptation d'une partie de la population grâce à leur appui en faveur des changements sociopolitiques acceptés dans le pays. Depuis sa création en 1981, Ennahda a maintenu une présence relativement active en Tunisie. Ennahda est un exemple clair d'un groupe islamiste en Tunisie qui est passé de l'opposition politique à une participation active à la suite du dégel politique dans le pays. Les mouvements islamistes en Tunisie ont toujours préconisé, et continuent de le faire, l'application des principes islamiques à la politique, à la législation et aux activités sociales du pays dans le but de créer un État théocratique. Un pays dominé par l'islam n'est pas un phénomène nouveau, ce qui a donné lieu à des discussions et, parfois, à des controverses et des désaccords passionnés. Les mouvements islamistes ont joué un rôle clé dans la politique du pays et sont souvent accusés de collaborer avec l'opposition. Depuis son émergence, et en particulier après le Printemps arabe, Ennahda s'est activement engagé dans des gouvernements de coalition, une décision qui a suscité de vives controverses, divisant même les partisans d'Ennahda qui tentent de prouver qu'il est possible d'être islamiste sans imposer l'islam aux autres. La démocratie interne du parti Ennahda souffre de divisions, parfois à tel point qu'il perd des membres. Ils représentent les contradictions du pays et leur présence est à l'origine de la plupart des conflits en Tunisie.

Les révoltes du Printemps arabe ont constitué un moment charnière pour les mouvements islamistes en Tunisie, le parti Ennahda ayant acquis une présence parlementaire considérable à la suite de la révolution du pays. Ces années ont été marquées par des débats animés sur l'intersection entre gouvernance et religion et sur la séparation de l'Église et de l'État. La participation des islamistes à l'élaboration de la nouvelle Constitution a illustré leurs tentatives de créer un équilibre entre la loi islamique et une gouvernance intégrative axée sur les droits de l'homme, ce qui a mis en évidence les difficultés sous-jacentes liées à la prise en compte d'un éventail de croyances idéologiques différentes. Tout au long de ces événements, la formulation des sentiments et des ambitions islamistes, et surtout leurs tentatives réelles d'intégration dans la nouvelle structure de gouvernance, ont toujours été confrontées à de vives critiques. Pour saisir la nature complexe de la Tunisie moderne et ses nouveaux défis démocratiques, il est tout aussi important de déterminer la nature de la participation des mouvements islamistes.

La laïcité et sa défense dans le discours national

Alors que les discussions en Tunisie se sont concentrées sur la laïcité, qui a influencé le paysage politico-religieux du pays, la laïcité est apparue comme une réponse au besoin croissant de séparer la gouvernance des religions d'État et des contraintes théocratiques qui y sont associées. Les politiques de construction nationale menées par Bourguiba après l'indépendance et le positionnement de la laïcité comme principe fondamental de l'État s'inscrivaient dans sa vision de modernisation du pays par la mise en œuvre de réformes juridiques et institutionnelles centrales. La Tunisie était le pays le plus progressiste de la région après l'adoption du Code du statut personnel en 1956, qui a presque à lui seul transformé le statut juridique des femmes en leur accordant des droits et des libertés sans précédent. La Tunisie a bénéficié d'un large soutien de la communauté internationale, qui cherchait à faire progresser les droits des femmes et à affirmer la laïcité. À l'instar d'autres pays d'Afrique du Nord et du Moyen-Orient qui ont accédé à l'indépendance à peu près à la même époque, la Tunisie a également connu, de temps à autre, un renouveau et une adhésion lente mais respectable à la laïcité dans le discours de sa population et de son élite.

Ces orientations ont connu des défaillances, qui ont coïncidé avec l'acceptation de la laïcité. Outre des sentiments de reconnaissance et de pitié, des efforts ont été déployés pour s'unir dans le respect des traditions culturelles, qui, à mon avis, en sont venues à représenter une forme de vigilance patriotique. La défense la plus rigoureuse de la mise en œuvre de la laïcité, qui vise à transformer la Tunisie en un État-nation moderne en adoptant les politiques de Bourguiba, a recueilli un soutien critique. Bourguiba a agi à la fois dans le cadre des circonstances factuelles et des récits mythologiques du gouvernement qui articulent le déplacement de la société, tel qu'il est exprimé dans les discours fondateurs.

Dans le contexte des efforts contre-hégémoniques déployés par Bourguiba pour démêler la gouvernance d'une société aux traditions juridiques multiples, centrées sur un discours national d'articulation des frontières, la perception de Bourguiba comme l'autre universel a été influencée par le mythe transcendantal de la modernité.

Cette division a donné lieu à des arguments divergents qui mettent en évidence les conflits sociétaux profonds concernant la place de la religion dans la société. Dans la Tunisie moderne, les discussions sur la laïcité semblent presque synonymes de discussions sur l'identité du pays et la protection des droits civils. La Constitution de 2014, saluée comme l'un des jalons du progrès démocratique du pays, contient des dispositions qui tentent de garantir la liberté de conscience et de croyance, ainsi que la neutralité de l'État en matière de religion, ce qui est supposé être contradictoire. Néanmoins, les dispositions constitutionnelles alimentent les conflits idéologiques, qui se manifestent notamment dans les conflits sur les programmes scolaires, le port de symboles religieux en public et le contrôle des institutions religieuses. Au cœur de ces controverses, les défenseurs de la laïcité préconisent l'adoption de politiques respectueuses de la liberté et non invasives en matière de pratiques religieuses, dans le but d'établir des relations positives entre l'État laïc et les différentes communautés confessionnelles. Ce modèle tente d'équilibrer les principes de la gouvernance laïque et la prise en compte de l'expression religieuse pluraliste dans la sphère publique, dans le but de mettre l'accent sur le respect et la compréhension mutuels. Même si la Tunisie s'efforce de consolider la démocratie, le débat sur la laïcité reste crucial pour la formation d'une conception commune de l'intégration nationale et de l'harmonie sociale.

Trouver un juste milieu entre la laïcité et la reconnaissance des différentes religions est une question qui ne peut être résolue qu'après mûre réflexion, un accord négocié et un engagement à protéger le droit de chacun à la liberté.

Événements clés ayant conduit à la transition démocratique

Une série d'événements ont marqué la transition démocratique en Tunisie, ayant un impact significatif sur la politique du pays. L'un de ces tournants a été la destitution du président Zine El Abidine Ben Ali en janvier 2011, après que le pays ait été le théâtre de manifestations largement dues aux difficultés économiques, à la répression politique et à la corruption endémique. Ce tournant majeur en Tunisie, appelé « révolution tunisienne », « révolution de jasmin », etc., est celui qui a déclenché le reste du Printemps arabe. Après le départ de Ben Ali, la Tunisie a dû connaître une transition très mouvementée vers la démocratie. Une étape importante dans cette transition a été la création de la Haute Autorité pour la réalisation des objectifs de la révolution, la réforme politique et la transition démocratique, généralement appelée Haute Autorité, qui a joué un rôle déterminant en permettant à la Tunisie de mener à bien les transformations nécessaires. L'élaboration d'une nouvelle constitution et l'organisation d'élections libres et équitables, les premières du genre dans la région, reposent sur les efforts de la Haute Autorité et marquent le début d'un système politique plus inclusif et démocratique. Janvier 2014 a été le théâtre de la plus remarquable des réalisations de l'année, à savoir l'adoption de la nouvelle constitution, qui représente une contribution décisive à la gouvernance démocratique dont le pays manque cruellement. La Constitution met l'accent sur les principes inestimables du pluralisme, des droits de l'homme et de la gouvernance de l'ordre public, ainsi que sur la question sensible des relations entre la religion et l'État. Sa ratification a marqué un engagement commun des différentes forces politiques du pays en faveur du dialogue national et du compromis comme moyens de parvenir à l'unité nationale dont le pays a tant besoin. Les élections législatives et présidentielles de 2014, également remportées par les Tunisiens, ont prouvé la détermination de la population à prendre son destin en main et à tracer la voie de l'avenir du pays. Ces élections ont été une lutte pour le pouvoir entre différents partis politiques aux idéologies variées, ce qui témoigne de l'esprit démocratique croissant du pays. La capacité des différents groupes idéologiques à coexister, ainsi que le transfert pacifique du pouvoir, témoignent d'une nouvelle étape dans la consolidation des normes démocratiques au sein du pays. Le prix Nobel de la paix 2015 décerné au Quartet, qui a été le premier à attribuer le prix du dialogue national, a été une marque de reconnaissance extérieure pour la collaboration dont ont fait preuve les organisations de la société civile, les syndicats et les associations patronales afin d'éviter les troubles politiques et de soutenir la recherche d'un consensus.

Ce prix a souligné la nécessité du dialogue et des négociations pour gérer les idéologies et éviter la polarisation. Les événements qui ont conduit à la transition vers la démocratie en Tunisie mettent en évidence la capacité et la volonté du pays à surmonter la fragmentation qu'il s'est lui-même infligée en embrassant les idéaux démocratiques. Ces réalisations ont jeté les bases d'un ordre politique plus participatif et plus représentatif, faisant de la Tunisie un exemple brillant dans une région en proie à l'instabilité.

Débats constitutionnels : religion et État

Les débats constitutionnels, qui portent sur les relations entre la religion et l'État en Tunisie, ont joué un rôle crucial dans l'évolution de la politique du pays. Depuis son indépendance en 1956, la Tunisie a connu une transformation radicale de ses politiques en matière de laïcité et de liberté religieuse. La période qui a suivi l'indépendance a été marquée par toutes sortes d'ingérences de l'État dans la sphère religieuse, où le gouvernement exerçait un contrôle sur les institutions et les pratiques religieuses. Le régime du président Zine El Abidine Ben Ali a clairement affiché ce contrôle en réprimant sévèrement l'islam politique et les institutions musulmanes. La révolution de 2011 a déclenché une nouvelle vague de démocratie, suscitant une réflexion approfondie sur le rôle de la religion dans la gouvernance.

L'un des événements les plus marquants de ces discussions a été la rédaction de la Constitution, un processus qui a clairement mis en évidence les divergences sur la place de la religion dans la vie civile. La Constitution qui en a résulté a confirmé les principes de laïcité et garanti la liberté religieuse.

Acteurs principaux et alignement idéologique

La Tunisie dispose de « théâtres » sociaux et politiques où divers acteurs jouent des rôles distincts. Chaque acteur de ces « théâtres » représente différentes idéologies sociales et politiques – islamisme, laïcité et libéralisme – et ces idéologies, en termes sociaux, politiques, économiques et de classe, sont étroitement liées. Il existe divers mouvements Ennahda, qui sont les principaux partis islamistes, et au sein de ces mouvements, les membres détiennent un pouvoir important dans le pays et sa politique, car ils cherchent à intégrer l'islam dans la gouvernance tout en promouvant la démocratie. De l'autre côté, les acteurs influencés par la laïcité – par exemple, Nidaa Tunis et les démocrates laïques – proposent un système qui promeut la laïcité et met l'accent sur toutes sortes de libertés et de droits légaux, indépendamment des différences religieuses. Les acteurs susmentionnés sont les principaux protagonistes de la plupart des conflits idéologiques, qui attirent beaucoup l'attention lors des changements politiques dans le pays.

La fragmentation politique de la Tunisie reflète les divisions idéologiques au sein du paysage politique, qui sont analysées à travers une théorie de la communication qui identifie différents niveaux de discours sur divers sujets. Les conflits affaiblissent souvent l'influence de la démocratie, car diverses factions tribales s'efforcent d'affirmer leur pouvoir et leur vision pour le pays.

Impact des divisions idéologiques sur la gouvernance

La fragmentation politique en Tunisie est influencée par les divisions idéologiques au sein du paysage politique, qui sont analysées à travers une théorie de la communication identifiant différents niveaux de discours sur divers sujets. Diverses factions tribales tentent chacune d'imposer leur propre pouvoir et leur propre vision pour le pays, ce qui conduit à des conflits où la démocratie n'a que peu d'influence et disparaît souvent.

Le manque de cohésion a entravé la capacité à articuler et à exécuter des plans, entraînant ainsi une stagnation permanente et une paralysie décisionnelle pendant certaines périodes. Les différences fondamentales dans les principes et les croyances sous-jacents ont également considérablement affaibli les chances de parvenir à un accord et de formuler un compromis sur des questions primordiales, bloquant ainsi les progrès vers les objectifs et les engagements essentiels des initiatives et des réformes. Les divergences idéologiques et la multitude d'écoles de pensée ont également ajouté à la complexité incommensurable du désordre dans l'administration du domaine public, en particulier par la manière dont les principes et les stratégies de nomination sont entachés par le compromis des justifications et des attachements idéologiques dominants, écartant ainsi le personnel qualifié abondant qui s'oppose aux croyances orthodoxes dominantes.

Sentiment public et attentes idéologiques

Les attitudes sociales en Tunisie, aussi diverses qu'intéressantes à étudier, sont le résultat d'une riche interaction entre différentes attentes ancrées dans la tradition, la sociologie et la politique. Ces configurations idéologiques à plusieurs niveaux que la Tunisie a connues ont été plus ou moins le reflet de la mosaïque émotionnelle de la communauté tunisienne. Les émotions complexes et les sentiments publics en Tunisie, qui représentent un éventail d'attentes, constituent l'essence même de la cohésion sociale qu'il est nécessaire de comprendre pour aborder efficacement les multipolarités argumentatives et les divisions idéologiques. La société tunisienne est, d'une part, unifiée et, d'autre part, dans une large mesure, divisée par des différences et des contrastes de sentiments et de croyances, avec des segments disjoints de la société ayant des croyances disparates sur la conduite du gouvernement, les normes éthiques, les mœurs juridiques et l'ordre social. Les frictions et les tensions qui dominent le paysage socio-idéologique tunisien donnent lieu à l'émergence d'attentes idéologiques, qui forment le tissu des sentiments sociaux et mettent de l'ordre dans le chaos. Les différences d'attitude des gens à l'égard de la religion, du pouvoir de l'État et de la religion témoignent de la complexité et de la stratification des sentiments publics. Une évaluation suggère qu'il existe un profond désir de stabilité, de croissance économique et de justice sociale au sein de la population. Les différents groupes idéologiques attribuent des valeurs et des politiques différentes à ces objectifs. La couche islamiste, par exemple, souligne la prédominance des valeurs religieuses dans la gouvernance et les politiques d'un État et met l'accent sur les fondements moraux et culturels pour assurer la cohésion sociopolitique. La faction laïque, quant à elle, aligne ses aspirations idéologiques sur les libertés individuelles, les libertés civiles et la démocratie, plaidant pour la séparation de la religion et de la politique et la défense d'un système pluraliste. Les positions idéologiques divergentes font partie de la matrice complexe qui caractérise la société en général, et ces facteurs soulignent la complexité de l'attitude du public. Cette stagnation sociopolitique et le désir d'aller de l'avant constituent le cadre de base sur lequel reposent les espoirs et les souhaits du public. Une évaluation de l'opinion publique révèle également le mécontentement de la population à l'égard du fonctionnement du gouvernement, du caractère et de la fiabilité de ses institutions, ainsi que du degré de respect de ses libertés fondamentales. La convergence et la divergence de ces attentes idéologiques mettent en évidence les aspirations nuancées de la société, ce qui suggère qu'une réflexion et une explication approfondies sont essentielles.

L'évolution de l'opinion publique et des attentes idéologiques est cruciale pour l'orientation du débat et la politique nationale qui en résulte. Il est essentiel de comprendre l'interaction entre l'opinion publique et les perceptions idéologiques, car ces dernières, ainsi que toutes les implications en matière de politique publique qui en découlent, sont cruciales pour le niveau d'accord politique qui peut être atteint et la politique qui peut être mise en place pour assurer la cohésion de la société. L'examen de l'opinion publique vieillissante et des attentes idéologiques nécessite une approche à plusieurs niveaux qui tienne compte des dimensions sociales, spatiales et temporelles. Dans ce cas, l'opinion publique et le sentiment révèlent des angles morts qui doivent être pris en compte pour comprendre comment les traditions politiques et les discontinuités façonnent la construction d'une identité nationale dans l'histoire, le système éducatif et les divers médias qui informent les attentes idéologiques de la société tunisienne.

En résumé, la nature fragile de l'opinion publique et l'interconnexion des idéologies publiques indiquent la nécessité de structures discursives inclusives qui favorisent une démocratie directe et participative visant à encourager la réconciliation. Il est essentiel pour la nation, qui aspire à une démocratie plus profonde et à un développement durable, de parvenir à la réconciliation d'idéaux divergents et de combler le fossé entre les perceptions des individus.

Études de cas sur la recherche d'un consensus

Avant de maintenir une société pluraliste, la Tunisie s'est engagée dans plusieurs études de cas afin de tenter de parvenir à un consensus entre des groupes idéologiques conflictuels. L'un de ces cas est celui du Quartet du dialogue national, qui a joué un rôle déterminant dans les négociations visant à mettre fin à l'impasse politique de 2013. Le Quartet a organisé des discussions simultanées entre l'Union générale tunisienne du travail, la Confédération tunisienne de l'industrie, du commerce et de l'artisanat, la Ligue tunisienne des droits de l'homme et l'Ordre des avocats tunisiens, et a réussi à maintenir ouvertes les voies de communication entre les représentants idéologiques disparates. Les négociations et les médiations énergiques du Quartet lui ont permis de se positionner de manière positive au sein des intérêts controversés et des priorités concurrentes afin d'obtenir un consensus qui a abouti à la formation d'un gouvernement technocratique et à l'adoption d'une nouvelle constitution. Ce cas démontre les possibilités d'approches collaboratives pour surmonter les divisions idéologiques. L'expérience du mouvement Ennahda est encore plus remarquable. Il est passé d'un mouvement islamiste à un parti politique qui a embrassé la participation démocratique, la création d'alliances et la collaboration entre les partis.

Cherchant à combler les écarts de compréhension et à forger des accords avec des partenaires laïques, Ennahda a démontré sa volonté de s'engager dans un dialogue axé sur les enjeux, une gouvernance pluraliste et des compromis. En outre, les actions de la société civile, les participants aux clubs de la paix et les communautés interconfessionnelles ont servi de petits modèles de fusions d'accords à grande échelle au niveau local, en particulier pour instaurer la confiance et la compréhension au-delà des clivages entre croyances opposées et des cloisonnements conflictuels. Leurs efforts illustrent les stratégies descendantes visant à établir un accord social et une cohésion. Enfin, dans le domaine des relations internationales, les études sur la Commission vérité et réconciliation en Afrique du Sud et le processus de paix en Irlande du Nord après le conflit sont précieuses pour la recherche d'un consensus après des conflits idéologiques grâce à la gouvernance transitionnelle, à la réconciliation et à la gouvernance post-conflit. Une réflexion comparative sur ces exemples fournit une base importante pour les efforts en cours en Tunisie. Ces modèles sont bénéfiques pour la Tunisie et, en intégrant leurs idées, celle-ci est en mesure de renforcer ses objectifs de coopération fondés sur le pluralisme.

Perspectives d'avenir : combler les fossés idéologiques pour favoriser l'unité

Il est important que la Tunisie, dans sa vision du pays et de la situation, élabore des stratégies visant à combler les fossés idéologiques qui existent entre les citoyens.

Pour atteindre cet objectif, une collaboration transversale entre tous les participants est nécessaire. Tout d'abord, il est urgent de résoudre l'impasse entre islamistes et laïcs. Ces discussions doivent se dérouler dans un esprit de civilité et dans le but de parvenir à un consensus et à une compréhension mutuelle entre les deux parties. En outre, le patriotisme véhiculé par le système éducatif est au premier plan de la construction d'une identité nationale unificatrice. Les écoles proposant des programmes complets qui englobent les divers points de vue et idéologies essentiels à la construction nationale favorisent involontairement une compréhension limitée de la citoyenneté. En outre, le domaine des médias lui-même est également important, car il peut contribuer à la fragmentation et à la polarisation idéologiques et sociales ou aider à les résoudre. Le soutien et la promotion de la responsabilité sociale dans le journalisme et les politiques restrictives fondées sur la thèse médiatique sous-jacente de l'extrémisme peuvent corriger le déséquilibre de l'opinion publique sur la « liberté totale ». En outre, les politiques de croissance économique et d'inclusion sociale plus large doivent surmonter les divisions idéologiques afin de résoudre les griefs sous-jacents. L'augmentation des opportunités économiques pour tous les citoyens peut donc aider la Tunisie à intégrer la citoyenneté et à éliminer de manière inclusive les fractures socio-économiques qui accentuent les divisions idéologiques. En particulier, les cercles communautaires autonomes qui rassemblent des participants d'orientations différentes pour des travaux coopératifs et des activités sociales peuvent contribuer à éliminer les hostilités sociales entre les groupes.

Les processus de réconciliation et de justice transitionnelle reposent sur des griefs et des traumatismes historiques, qui sont à l'origine des divisions idéologiques dans une société. Pour une société plus cohésive et réconciliée, il convient de proposer des processus de vérité, d'excuses et de guérison. Le comblement des fossés idéologiques en Tunisie reposera sur les efforts continus du gouvernement, de la société civile, des chefs religieux et des citoyens dans leur ensemble. Ce processus de renforcement de l'unité nécessitera du temps, beaucoup d'empathie et de résilience face aux défis à relever. Il exige une vision beaucoup plus profonde que la rhétorique politique et beaucoup plus longue que le cycle électoral pour le bien-être commun du pays. La Tunisie a l'opportunité d'adopter la démocratie et l'inclusion comme fondements du domaine politique, ce qui permettra au pays de relever les défis de l'unité et de la division dans la société.

***

Références pour approfondir le sujet

Contexte historique du spectre idéologique

1. Perkins, K. (2014). A History of Modern Tunisia (2e éd.). Cambridge University Press.

2. Abdallah, S. (2018). L'héritage colonial en Tunisie : une société fracturée, une politique divisée. The Journal of North African Studies, 23(3), 511-515.

3. Hermassi, A. (1972). Leadership and National Development in North Africa. University of California Press.

Mouvements islamistes et participation politique

4. McCarthy, R. (2018). Repenser la laïcité dans la Tunisie post-indépendance. Oxford University Press.

5. Cavatorta, F., & Merone, F. (2013). Modération par l'exclusion ? Le parcours du parti tunisien Ennahda, du fondamentalisme au conservatisme. Démocratisation, 20(5), 857-875.

6. Wolf, A. (2017). La crise d'identité d'Ennahda et l'avenir de la démocratie tunisienne. Institut Washington pour la politique du Proche-Orient.

Laïcité, Bourguiba et le Code du statut personnel

7. Charrad, M. M. (2001). Les États et les droits des femmes : la construction de la Tunisie, de l'Algérie et du Maroc postcoloniaux. University of California Press.

8. Mahfoudh, D., & Mahfoudh, A. (2014). Les mouvements sociaux et la question du leadership : le cas du mouvement féministe tunisien. Revue des Mondes Musulmans et de la Méditerranée, 135, 55-72.

Transition démocratique, constitution et recherche du consensus

9. Marks, M. (2014). Convaincre, contraindre ou compromettre ? L'approche d'Ennahda vis-à-vis de la Constitution tunisienne. Brookings Institution.

10. International Crisis Group. (2014). Tunisie : justice transitionnelle et lutte contre la corruption. Rapport sur le Moyen-Orient et l'Afrique du Nord n° 168.

11. Bellin, E. (2020). La révolution de Jasmin et le paradoxe de la gouvernance en Tunisie. Dans Political Science Quarterly, 135(1), 123-155.

Acteurs clés, gouvernance et opinion publique

12. Gana, N. (éd.). (2013). La genèse de la révolution tunisienne : contextes, architectes, perspectives. Edinburgh University Press.

13. Ayari, M. B. (2016). La révolution inachevée de la dignité

: la lutte pour le pouvoir et l'identité en Tunisie. The Carnegie Endowment for International Peace.

14. Le Quartet du dialogue national tunisien. (2015). Discours prononcé lors de la cérémonie de remise du prix Nobel de la paix.

Regarder vers l'avenir : combler les fossés idéologiques

15. Benstead, L. J. (2018). Pourquoi certains citoyens arabes considèrent-ils que la démocratie n'est pas adaptée à leur pays ? Études politiques comparatives, 51(14), 1933-1965.

16. Programme des Nations unies pour le développement (PNUD). (2022). L'avenir du contrat social en Tunisie : repenser la relation entre l'État et les citoyens. PNUD Tunisie.

9
Comparaisons régionales
Pourquoi la Tunisie se distingue

Dynamiques régionales

Les pays du Maghreb — Maroc, Algérie, Tunisie, Libye et Mauritanie —, qui ont chacun des systèmes politiques et économiques distincts et des cultures diverses, mais qui partagent une histoire coloniale et postcoloniale commune, ont également des systèmes géopolitiques, historiques et culturels profondément imbriqués et complexes. Il n'est donc pas surprenant que ces pays aient formé des identités collectives fortes et distinctes tout en établissant des relations complexes entre eux et avec d'autres pays. Outre le fait que ces pays sont connus pour leur colonialisme historique et leurs luttes pour l'indépendance, leur position stratégique entre la mer Méditerranée et le reste du monde leur permet d'accéder facilement aux principales routes commerciales mondiales, aux migrations et, malheureusement, aux antagonismes militaires et commerciaux, ce qui renforce encore leur importance géopolitique. D'un point de vue social, les nombreux groupes ethniques, leurs langues et leurs religions, chacun avec ses propres problèmes de gouvernance, compliquent encore davantage la gouvernance et les relations diplomatiques.

Tout ce qui précède indique que le paysage géopolitique de l'Afrique du Nord, et plus particulièrement les interconnexions entre ces nations, nécessite une attention et une analyse particulières. Ce n'est qu'en évaluant les fondements historiques, les enjeux contemporains et les trajectoires futures des pays du Maghreb que nous pourrons aborder une telle analyse. Cet examen permettra également de comprendre les interconnexions croissantes entre ces pays et les autres nations du monde, ainsi que les conséquences internationales qui découlent de ces relations.

Contextualisation historique des pays du Maghreb

La région du Maghreb, qui comprend la Tunisie, l'Algérie, le Maroc, la Libye et la Mauritanie, se caractérise par une histoire diversifiée et complexe qui a fortement influencé les paysages politiques, sociaux et culturels de ces pays.

Occupant une position géographique stratégique entre l'Europe et l'Afrique et bordant la mer Méditerranée, la région du Maghreb comprend cinq pays : le Maroc, l'Algérie, la Tunisie, la Libye et la Mauritanie. Le Maroc et la frontière sud de la Mauritanie protègent la région des conditions climatiques extrêmes. Le Maroc, l'Espagne, l'Algérie, la Tunisie et la Libye bénéficient donc de la géographie favorable du Maghreb. Sa position géographique a toujours attiré l'attention de plusieurs civilisations, ce qui a favorisé le développement du commerce. La proximité de l'Europe et de la Méditerranée renforce son importance stratégique. Le Maghreb est souvent appelé le croissant de l'islam. Le début de la deuxième vague d'islamisation a permis au Maghreb de se consolider davantage en tant que carrefour de la civilisation islamique. Le terme « arc de l'islam » fait souvent référence à l'expansion significative du Maghreb et à son rôle dans l'unification de l'empire islamique à travers l'Europe et l'Afrique. La région du Maghreb a toujours suscité un grand intérêt pour les civilisations méditerranéennes en raison de ses ressources naturelles favorables et de son potentiel commercial. La région revêt toujours une importance considérable en raison de sa position stratégique et de son héritage de civilisation islamique.

Néanmoins, les incursions des Arabes et de l'islam n'ont pas complètement effacé le caractère berbère et les systèmes sociaux déjà en place. Au contraire, ce mélange de cultures et de coutumes arabes et berbères définit la culture maghrébine. Les siècles suivants ont été marqués par les incursions européennes, notamment espagnoles, portugaises et françaises, qui ont chacune laissé des traces indélébiles dans l'histoire du Maghreb. L'imposition de la domination coloniale a modifié la gouvernance, le contrôle, les structures économiques et même les systèmes culturels de la région, laissant un héritage qui se fait encore sentir aujourd'hui dans la société maghrébine. Le milieu du XXe siècle marque la fin de la domination coloniale et les luttes pour la liberté, au cours desquelles ces pays ont cherché à retrouver leur identité nationale et leur souveraineté. Le contexte historique des pays du Maghreb démontre l'interdépendance de leurs histoires et souligne leurs parcours de développement uniques. Les histoires complexes de ces pays, en particulier du Maghreb, aident à comprendre les réalités actuelles de ces pays et la raison du cas particulier de la Tunisie dans la région.

Systèmes politiques : Une analyse comparative

Systèmes politiques : les systèmes politiques de la région du

Maghreb n'ont jamais été analysés, et la Tunisie n'a jamais été comparée à ses voisins régionaux ni valorisée pour son système et ses processus de gouvernance singuliers. L'héritage de la domination coloniale, les luttes post-indépendance et les conditions géopolitiques actuelles ont également façonné les systèmes politiques de l'Algérie, du Maroc, de la Libye et de la Mauritanie. Tous les systèmes de gouvernance de cette région peuvent présenter des similitudes sur le plan culturel et historique, mais les progrès politiques réalisés dans chaque nation ont produit des résultats très différents. L'Algérie, par exemple, présente un héritage de contrôle centralisé avec un pouvoir exécutif dominant et un régime militaire, ce qui en fait une république semi-présidentielle. En comparaison, le Maroc est une monarchie constitutionnelle, mais le pouvoir exécutif, les représentants élus et les systèmes parlementaires de gouvernance fonctionnent en tandem complexe. En Libye, la chute du régime de Kadhafi a précipité une grave instabilité politique, donnant lieu à une gouvernance fracturée et à des affrontements entre factions rivales. La Mauritanie est un cas particulier : son histoire marquée par des coups d'État militaires contraste avec son statut actuel de république présidentielle dotée d'un système exécutif et législatif parlementaire. Contrairement aux autres pays du Maghreb, la Tunisie a connu une transformation exceptionnelle après son indépendance, adoptant la démocratie multipartite et s'engageant dans la voie de la séparation des pouvoirs et d'autres réformes institutionnelles.

La mise en place par la Tunisie d'un système semi-présidentiel et d'une constitution moderne garantissant les libertés civiles et le pluralisme la distingue dans la région du Maghreb. Le système politique unique de la Tunisie lui a permis de surmonter la transition, de maintenir la démocratie et de promouvoir une gouvernance inclusive. En outre, la transition réussie de la Tunisie vers la démocratie et sa politique fondée sur le consensus ont isolé le pays dans la région en raison des expériences différentes de ses voisins. Par ailleurs, la polarisation et l'absence d'engagement civique qui caractérisent le reste du Maghreb n'expliquent pas entièrement le dynamisme de la société civile, des groupes de défense des droits et des organisations syndicales en Tunisie, qui ont renforcé sa démocratie. La dynamique politique exceptionnelle de la Tunisie, qui inclut la capacité des acteurs non étatiques à influencer les décideurs politiques et à rendre des comptes aux institutions, est profondément unique dans la région. En conclusion, les différences entre les systèmes politiques justifient l'exceptionnalisme de la Tunisie au sein de la région du Maghreb.

Grâce à une gouvernance démocratique et à une réforme constitutionnelle, associées à un engagement civique systématique, la Tunisie est l'expression la plus manifeste du pluralisme politique et de la prise de décision inclusive, et constitue ainsi un modèle pour le reste de l'Afrique du Nord.

Indicateurs socio-économiques et trajectoires de développement

Les conditions socio-économiques et les indicateurs de développement de la Tunisie offrent un récit fascinant des progrès et de la stagnation dans l'évolution du pays. La compréhension d'indicateurs clés tels que la croissance du PIB, le chômage, la répartition inéquitable des revenus et l'état de pauvreté permet de dresser un tableau de l'économie tunisienne. Le développement socio-économique de la Tunisie a été marqué par une alternance entre progrès importants et stagnation, et le pays a certainement connu des périodes plus qu'impressionnantes au cours des dernières décennies. Des décisions décisives et des réformes internes façonnées par des forces externes et internes ont dominé l'histoire économique moderne de la Tunisie. Au cours de la phase post-indépendance, l'État a adopté une économie mixte comme modèle de développement et a mis en place une intervention gouvernementale, en mettant l'accent sur l'industrialisation. Il a été le pionnier du succès dans l'agriculture, le tourisme, puis l'industrie manufacturière, ce qui a contribué au développement économique global du pays. Il a souffert d'une multitude de problèmes industriels et de gouvernance en raison de l'absence d'une économie plus fiable, plus résiliente et plus diversifiée. En outre, les chocs économiques externes et l'instabilité régionale ont entravé sa croissance et contribué à la stagnation.

Les soulèvements du Printemps arabe de 2011 ont marqué le début de nombreux appels au changement politique et à la justice sociale et économique. Si la révolution a été un événement marquant pour la Tunisie, elle a également semé la confusion et interrompu la croissance du pays. Au cours des années suivantes, le volume des investissements, les politiques économiques et les relations commerciales ont évolué, ce qui a permis à la Tunisie d'évaluer ses progrès sur divers indicateurs sociaux et économiques. La capacité de la Tunisie à intégrer des complexités et à créer des voies de progrès durable au cours des dernières années est louable. Les investissements étrangers et le renforcement de la compétitivité constituent le fondement du programme de développement de la Tunisie. Plus important encore, les efforts de développement qui visent à lutter contre les inégalités entre les jeunes, les sexes et les régions ont tous, d'une manière ou d'une autre, pour objectif de progresser vers un développement inclusif et équitable. Des programmes d'éducation et de renforcement des compétences ont vu le jour dans le but de préparer la population à une économie fondée sur la connaissance. Le parcours de développement de la Tunisie, marqué par des problèmes épineux tels que le chômage élevé des jeunes, les inégalités régionales et la prédominance de l'économie informelle, est complexe. Le développement de la Tunisie reflète également les approches prescrites, accompagnées d'une gouvernance considérable ainsi que d'une vision et d'une planification stratégiques. En outre, le développement durable et les progrès futurs de la Tunisie reposent sur des approches beaucoup plus créatives et entrepreneuriales, avec une utilisation rationnelle des ressources.

Dans le monde actuel, la Tunisie est confrontée aux défis du progrès socio-économique et de la protection de son héritage socioculturel, ce qui détermine les buts et objectifs du pays dans un ordre international complexe et interdépendant.

Influences culturelles et religieuses sur la gouvernance

Le seuil réduit mentionné ci-dessus définit les paramètres de tous les aspects de la gouvernance ; la Tunisie, qui abrite une combinaison unique d'héritages, de traditions et d'interprétations modernes de l'islam, en est un exemple parfait.

La position historique de la Tunisie au centre des échanges commerciaux en Méditerranée en a fait une oasis de cultures et de peuples différents ; les normes et les valeurs de la société ont à leur tour été influencées par les civilisations phénicienne, romaine, arabe et berbère. La mosaïque sociale des cultures superposées a également façonné la gouvernance, et plusieurs coutumes populaires sont encore actives dans la « prise de décision ». L'islam, qui lie la Tunisie, reste un fait social principal et déterminant et, par conséquent, un aspect prédominant du système juridique, des codes moraux et des obligations sociales.

De plus, les différentes interprétations de l'islam au sein de la société tunisienne ont suscité des discussions complexes sur les liens entre religion et politique, divers groupes soutenant à des degrés divers la théocratie. Cette diversité de points de vue a donné lieu à un débat animé et changeant sur le rôle de la religion dans la vie publique, ce qui a encore compliqué la structure de la gouvernance tunisienne. Néanmoins, la Tunisie possède également une solide tradition de laïcité, qui a historiquement servi de bouclier contre l'ingérence indue du clergé dans la gouvernance du pays. Cet amalgame complexe d'éléments religieux et laïques du gouvernement a été une caractéristique du paysage politique tunisien, lui conférant une forme de gouvernance distincte de celle de ses voisins. Pour comprendre le système de gouvernance tunisien dans son ensemble, il faut reconnaître et prendre en compte ces éléments culturels et religieux de la gouvernance. Grâce à cette déconstruction engagée, nous pouvons comprendre les discontinuités et les complexités historiques qui caractérisent le système politique du pays et, par la suite, tenter d'établir une gouvernance plus équitable et plus intégrative qui honore la profonde mosaïque culturelle et spirituelle du pays.

Société civile et pluralisme en Tunisie

Reconnue dans la région pour son caractère distinctif, la société civile tunisienne est le fruit de nombreuses années d'activisme populaire, associé au travail de nombreuses organisations non gouvernementales. La société civile tunisienne marque également les progrès réalisés par le pays vers la promotion d'un pluralisme de gouvernance, démocratique et inclusif. Immédiatement après l'indépendance du pays, de nombreuses organisations de défense des droits humains et professionnelles ont vu le jour, cherchant à servir divers intérêts. Leurs actions ont démontré leur responsabilité civique et leur engagement en faveur du processus démocratique. Ces organisations ont énormément contribué à la pratique démocratique du pays en encourageant le débat public, en plaidant pour des changements dans certaines politiques gouvernementales et en surveillant les activités du gouvernement. Le pluralisme de la société civile tunisienne est évident, comme en témoigne l'inclusion des groupes de femmes, des acteurs civiques et culturels et des défenseurs de l'environnement. La multiplicité des actions menées témoigne de la puissance du militantisme des opprimés ou de ceux qui les soutiennent. La grande majorité de la population tunisienne, modèle régional de quartiers largement homogènes, respecte et encourage le dialogue communautaire et interethnique. La Tunisie est depuis longtemps fière de son inclusion sociale, un pays qui résout traditionnellement les querelles sans remords. En matière de coopération pacifique, la Tunisie occupe une position modèle à l'échelle régionale et mondiale.

Tout en prenant des directions différentes et en traitant des questions diverses, la société civile tunisienne a intégré et adopté des besoins en constante évolution grâce à la création et à l'utilisation de plateformes numériques et de médias sociaux pour promouvoir l'action collective, la défense des intérêts et la pratique des valeurs démocratiques. En outre, la collaboration avec des institutions étrangères et des réseaux transnationaux a donné lieu à des échanges transfrontaliers de connaissances, au renforcement des capacités et à la collaboration dans les domaines du développement humain et de la consolidation de la paix. Grâce à ces collaborations, la société civile tunisienne a démontré sa capacité à traiter de manière approfondie et réfléchie des questions telles que les inégalités, la justice transitionnelle et les préoccupations humanitaires. Une telle approche constitue une valeur ajoutée face aux problèmes sociaux auxquels la Tunisie est confrontée.

L'écosystème qui soutient la société civile en Tunisie résulte d'un contexte socio-juridique qui permet à la population de développer des initiatives ascendantes et menées par les citoyens. Néanmoins, en raison de problèmes structurels profonds et non résolus, tels que la bureaucratie, la société civile n'est pas en mesure de réaliser pleinement son potentiel. Pour surmonter ces obstacles, un réseau solide doit être mis en place à la fois verticalement et horizontalement entre les acteurs étatiques, la société civile et la scène internationale afin de garantir que la société civile puisse se développer pleinement et avoir un impact. L'amélioration des processus et des services publics, ainsi que l'augmentation des ressources financières, permettront à la Tunisie de développer démocratiquement sa société civile, ce qui favorisera une participation active aux efforts de développement du pays.

Défis en matière de sécurité et stabilité régionale

La Tunisie, en tant que pays central de la région du Maghreb, doit faire face à différents problèmes de sécurité qui se posent dans la région et qui ont une incidence sur sa stabilité.

La situation géographique de la Tunisie, voisine de la Libye et de l'Algérie, a toujours créé un ensemble particulier de défis géopolitiques, notamment au vu des troubles politiques et militaires récents que connaissent ces deux pays. Le conflit en Libye a également entraîné un afflux de migrants et de réfugiés en Tunisie, ce qui a mis à rude épreuve les infrastructures et les ressources du pays. Sur le plan intérieur, la situation est marquée par des tensions croissantes entre les mouvements armés non étatiques et extrémistes à la périphérie des frontières tunisiennes et dans les régions socio-économiquement défavorisées, souvent négligées. La réponse de l'État à cette situation reste controversée, car il s'agit de trouver un équilibre entre le recours excessif à la force et le respect des libertés fondamentales des citoyens dissidents. Les conflits municipaux et régionaux persistants en Tunisie ont, parallèlement, remis en scène l'héritage de l'autoritarisme, ce qui est particulièrement révélateur dans les relations de l'État avec sa propre société civile et en matière de libertés individuelles, de sécurité et d'ordre social. Au-delà de son activité régionale à vocation économique, la Tunisie a su établir des relations internationales à un niveau plus avancé que ses relations bilatérales de base. La Tunisie s'est engagée dans des cadres multilatéraux afin de favoriser la coopération internationale et de renforcer la sécurité du pays et la paix régionale.

La participation active de la Tunisie aux initiatives internationales en matière de sécurité, notamment les entraînements militaires conjoints, le partage de renseignements et la collaboration dans la lutte contre le terrorisme, doit encore être approfondie. Outre les préoccupations sécuritaires conventionnelles, la situation géographique de la Tunisie l'expose également à des désavantages environnementaux et socio-économiques. Les effets du changement climatique, tels que la désertification et la pénurie d'eau, posent des défis en matière de sécurité nationale et régionale liés aux ressources. De plus, les déséquilibres en matière d'équité sociale et d'opportunités économiques peuvent accroître les tensions sociales et les troubles, menaçant ainsi la stabilité de toute la région du Maghreb. Les défis sécuritaires de la Tunisie sont multiples. La réponse doit donc être intégrée. Elle passe notamment par le renforcement des frontières, le développement des institutions, l'amélioration de la surveillance et de la police de proximité, et la mise en place de cadres politiques inclusifs. Ces mesures, entre autres, amélioreront bilatéralement la stabilité régionale. Pour que la Tunisie conserve sa position géopolitique favorable, elle aura besoin d'une stratégie de sécurité globale qui réponde à la fois aux défis régionaux et mondiaux, ainsi qu'aux dynamiques transversales internes et externes. La position de la Tunisie au sein de la région renforcera également de manière significative la stabilité du Maghreb.

Alliances économiques et dépendances commerciales

Les alliances économiques et les dépendances commerciales de la Tunisie sont essentielles au profil socio-économique du pays.

La Tunisie a pu établir des partenariats solides à travers le monde grâce à sa situation géopolitique à la croisée de l'Europe, de l'Afrique et du Moyen-Orient. La Tunisie a pu faire progresser ses politiques économiques et ses relations commerciales grâce à son adhésion. La Tunisie a amélioré ses relations au sein du partenariat euro-méditerranéen et de l'UMA, ce qui a permis de renforcer les secteurs industriel et agricole grâce à un meilleur accès aux marchés et à des investissements étrangers accrus. Tout en participant à des accords régionaux et mondiaux sur le commerce et l'investissement, la Tunisie s'est attachée à favoriser la coopération en matière d'investissements économiques dans le cadre de partenariats diversifiés. Cela a permis d'améliorer la coopération économique et technologique aux niveaux bilatéral et multilatéral. Le statut d'exportateur de la Tunisie a amélioré la coopération économique et réduit les barrières commerciales, lui permettant ainsi d'atteindre tous ses objectifs. La Tunisie accorde également une grande importance à la coopération dans le domaine des services et des biens pour le développement économique et la création d'emplois. Une fois de plus, la Tunisie a amélioré ses relations avec ses partenaires régionaux tels que l'Algérie et le Maroc, ce qui a renforcé la collaboration intra-régionale et l'intégration économique. La Tunisie a pu servir de pont transcontinental pour le commerce et a amélioré sa position en tant que centre économique nord-africain grâce à l'amélioration de sa situation géopolitique régionale.

Les partenariats mondiaux et l'interdépendance mentionnés précédemment créent à la fois des avantages et des obstacles. Les fluctuations sur la scène mondiale, ainsi que les variations du marché et les conflits géopolitiques potentiels, peuvent toutefois avoir des répercussions sur l'économie tunisienne. Par conséquent, l'objectif principal de ces politiques intérieures et étrangères franco-tunisiens est de renforcer la stabilité économique de la Tunisie et de la protéger contre les chocs extérieurs.

En matière de politique étrangère, le niveau d'autonomie accordé à la Tunisie en tant que partenaire commercial dans la région constitue une base solide pour le développement du commerce international. Toutefois, si la Tunisie n'aligne pas les principes de durabilité sur les politiques commerciales internationales, la communauté économique du pays risque de l'isoler sur le plan diplomatique, sur le plan de la xénophobie et par le biais de politiques écocritiques qui correspondent fortement aux intérêts des parties prenantes étrangères. Les objectifs et les politiques commerciales de la Tunisie doivent correspondre aux intérêts économiques, ce qui peut être réalisé en examinant le réseau complexe d'accords commerciaux signés par la Tunisie. Pour atteindre ses objectifs économiques internationaux, la Tunisie peut créer un port en eau profonde bien intégré et conforme aux normes mondiales.

Politiques sociales et progrès en matière de droits de l'homme

Une analyse des politiques sociales et des droits de l'homme en Tunisie montre à quel point le pays a changé. Lorsque le président Ben Ali a été destitué, la Tunisie a entamé des changements systématiques pour redresser le pays, réduire les abus sociaux et améliorer la gouvernance. Dans le cadre des changements visant à aider le pays sur le plan économique, le gouvernement a commencé à élaborer et à modifier des politiques visant à renforcer les droits de l'homme, telles que la « loi sur les femmes et le genre » et la « Commission vérité et dignité », afin de rendre justice et de corriger les discriminations. Ces initiatives visent à restructurer la coexistence sociale en voie de désintégration en Tunisie, en favorisant l'inclusion et la tolérance sociale. La Tunisie a également été le premier pays arabe à atteindre la justice sociale tout en préservant les lois internationales et divers pactes bilatéraux. La Tunisie a également apporté des changements remarquables aux programmes internationaux destinés à réduire les inégalités, l'exclusion sociale et la pauvreté, ce qui a permis de faire progresser les politiques nécessaires à la mise en place d'un système social solidaire. La fourniture de services sociaux, d'éducation, de soins de santé et de logements sont les piliers essentiels de l'amélioration des conditions de vie.

De plus, la reconnaissance et l'intégration des groupes minoritaires dans le cadre national ont démontré les efforts de la Tunisie en faveur d'une plus grande équité et d'un plus grand pluralisme sociaux. Malgré ces progrès, des défis subsistent, notamment en ce qui concerne les droits des travailleurs, la liberté d'expression et les droits de la communauté LGBTQ+. Il sera essentiel de combler ces lacunes pour faire progresser les politiques sociales et la situation des droits humains en Tunisie. L'approche de la Tunisie en matière de gouvernance démocratique et les changements sociaux qui l'accompagnent devront trouver un équilibre entre ces tendances croissantes et les lacunes en matière de droits humains afin de préserver la position unique du pays dans la région.

Conclusion : La voie à suivre pour préserver le caractère unique de la Tunisie

La Tunisie doit conserver sa position unique à la croisée de l'histoire et de la modernité. Elle devra répondre à la question de savoir comment déployer cette singularité sur plusieurs fronts. Le bilan de la Tunisie en matière de droits humains, en particulier les politiques sociales mises en avant dans la région, montre un pays capable d'une gouvernance et d'un développement progressistes. Il convient également de souligner les politiques pluralistes et inclusives du pays. La pleine inclusion de chaque citoyen, ainsi que la protection de ses droits, renforceront la démocratie du pays et serviront de modèle pour d'autres pays de la région confrontés aux mêmes problèmes. Le cas de la Tunisie offre des enseignements importants sur l'équilibre entre modernité et tradition et sert de modèle pour la paix sociale et les ponts dans la société pluraliste tunisienne. La capacité à renforcer son marché stimulera la croissance et la prospérité durables du pays du point de vue de la compétitivité et de l'innovation. La Tunisie a le potentiel pour devenir un centre commercial et d'investissement dans la région grâce à une vision appropriée et à des politiques économiques prudentes, en tirant parti de ses atouts uniques en tant qu'économie mondiale hautement intégrée. Une croissance économique sans restriction et la croissance de la main-d'œuvre sont essentielles pour promouvoir les Tunisiens de tous horizons et permettre au pays de devenir autosuffisant. Compte tenu des préoccupations croissantes en matière de sécurité dans la région, les efforts de la Tunisie pour maintenir la stabilité et lutter contre le terrorisme restent tout aussi importants.

Grâce à des cadres de partenariat constructifs avec des pays partageant les mêmes idées pour relever les défis communs en matière de sécurité, la Tunisie peut exercer son pouvoir en tant que stabilisateur et renforcer simultanément ses défenses contre les menaces extérieures. En résumé, la détermination et la force remarquables dont la Tunisie a fait preuve dans la manière dont elle a géré les fardeaux historiques et les défis modernes témoignent du caractère exceptionnel de cette nation. Si la Tunisie poursuit dans la voie définie dans ce chapitre, le pays restera sur une trajectoire qui favorise le progrès, la croissance et la sociabilité, non seulement en tant que pilier de l'Afrique du Nord, mais aussi en tant que source d'inspiration et de référence bien au-delà de ses frontières.

***

Références pour approfondir le sujet

Dynamiques régionales et contextualisation historique

1. Willis, M. J. (2012). Politique et pouvoir au Maghreb : l'Algérie, la Tunisie et le Maroc de l'indépendance au printemps arabe. Hurst & Company.

2. Entelis, J. P. (Ed.). (1997). Islam, Democracy, and the State in North Africa. Indiana University Press.

3. Vandewalle, D. (2012). A History of Modern Libya. Cambridge University Press.

Systèmes politiques – Une analyse comparative

4. Storm, L. (2014). La politique des partis et les perspectives de démocratie en Afrique du Nord. Lynne Rienner Publishers.

5. Heydemann, S. (éd.). (2004). Réseaux de privilèges au Moyen-Orient : la politique de réforme économique revisitée. Palgrave Macmillan.

Indicateurs socio-économiques et trajectoires de développement

6. Banque mondiale. (2020). La révolution inachevée : offrir des opportunités, de bons emplois et une plus grande richesse à tous les Tunisiens. Groupe de la Banque mondiale.

7. Achy, L. (2011). Les défis économiques de la Tunisie. Fon-

dation Carnegie pour la paix internationale.

Influences culturelles et religieuses sur la gouvernance

8. Charrad, M. M. (2001). États et droits des femmes : la construction de la Tunisie, de l'Algérie et du Maroc postcoloniaux. University of California Press.

9. Zeghal, M. (2008). L'islamisme dans l'ombre de l'État : religion et politique au Maroc et en Tunisie. Dans Politics & Society, 36(1), 123-149.

Société civile et pluralisme en Tunisie

10. Hawthorne, A. (éd.). (2005). La société civile est-elle la solution ? Le rôle de la société civile au Moyen-Orient et en Afrique du Nord. Fondation Carnegie pour la paix internationale.

11. Beissinger, M., Jamal, A., & Mazur, K. (2015). Expliquer les coalitions révolutionnaires divergentes : stratégies des régimes et structuration de la participation aux révolutions tunisienne et égyptienne. Comparative Politics, 48(1), 1-24.

Défis sécuritaires et stabilité régionale

12. Lutterbeck, D. (2013). Migrants, armes et pétrole : l'Europe et la Libye après le Printemps arabe. Journal of North African Studies, 18(2), 275-293.

13. Boukhars, A. (2016). La géographie des manifestations arabes : la révolution s'étend aux périphéries. Fondation Carnegie pour la paix internationale.

Alliances économiques et dépendances commerciales

14. Commission européenne. (2021). Accord d'association UE-Tunisie : approfondir les relations commerciales.

15. Draper, P. (2012). Se libérer de l'Europe : pourquoi l'Afrique a besoin d'un autre modèle d'intégration régionale. Institut sud-africain des affaires internationales.

Politiques sociales et progrès en matière de droits de l'homme

16. Mullin, C., & Tozan, A. (2019). La politique de la justice transitionnelle en Tunisie : innovation, continuité et impact. The Journal of North African Studies, 24(5), 691-714.

17. Human Rights Watch. (Annuel). Rapport mondial : Tunisie.

10
L'avenir de l'exception tunisienne
Défis contemporains et résilience institutionnelle

Contexte contemporain

Pour apprécier le contexte contemporain de la Tunisie, il est nécessaire de prendre en compte les développements les plus récents dans la sphère sociopolitique du pays, qui auront sans aucun doute une importance pour l'orientation que prendra la Tunisie à l'avenir. La Tunisie connaît actuellement des changements sociopolitiques, économiques et structurels ; il est donc important de comprendre ces changements pour prédire l'orientation future du pays. Dans toute révolution, la structure de gouvernance émergente est souvent fortement influencée par celle qui l'a précédée ; dans le cas de la Tunisie, cette influence se manifeste par une tentative d'étendre les principes démocratiques. Le cas de la Tunisie montre clairement que la population jeune croissante a renforcé ses revendications en faveur d'un plus grand poids économique et politique, ce qui a transformé la politique et la gouvernance du pays. En outre, l'influence des facteurs géopolitiques régionaux et mondiaux rend le positionnement mondial de la Tunisie de plus en plus important. La capacité de la Tunisie à analyser ses caractéristiques sociopolitiques contemporaines permettra de mieux comprendre comment le pays navigue dans les changements du paysage politique et les stratégies qu'il entend mettre en œuvre. L'étude du potentiel de la Tunisie permettra aux chercheurs de mieux comprendre l'impact que les changements sociopolitiques auront sur ses perspectives d'avenir.

Paysage politique : évolution des structures de gouvernance

Le paysage politique du pays a beaucoup changé en matière de systèmes de gouvernance depuis la révolution de 2011. Ce changement a été principalement motivé par la volonté de construire une démocratie durable, ouverte, responsable et participative. Le changement le plus marquant est la restructuration des systèmes exécutif, législatif et judiciaire dans le but de favoriser le contrôle mutuel et de réduire la concentration du pouvoir. Les années qui ont suivi la révolution ont vu l'effondrement du système autoritaire et la construction simultanée d'un nouvel ordre constitutionnel. Cette période, telle qu'elle est décrite, marque une nouvelle époque dans le système de gouvernance, imprégnée de changements d'une ampleur considérable. À cette fin, l'accent a été mis sur la décentralisation et la dévolution du pouvoir au niveau local afin de stimuler la participation des citoyens et la gouvernance locale. En outre, la naissance du pluralisme politique et le développement de divers groupes politiques et d'intérêt et de leurs partis ont créé une demande de coalitions entre les partis et les groupes et de prise de décision par consensus. Tous ces facteurs ont contribué à modifier les discussions et les débats politiques afin d'encourager une culture du dialogue et du compromis.

En outre, l'évolution de la gouvernance a mis l'accent sur la correction des inégalités et la promotion de la justice sociale. Le gouvernement s'est efforcé de mettre en place des politiques et des institutions qui répondent aux besoins des personnes défavorisées et comblent les écarts socio-économiques. Outre ces politiques, l'accent a été mis davantage sur l'amélioration des droits des femmes, des jeunes et d'autres groupes défavorisés. Ce processus a renforcé la démocratie et la justice sociale. Dans le contexte de l'évolution des cadres de gouvernance, la collaboration continue avec la société civile et la promotion de la gouvernance du peuple sont également essentielles. La collaboration de la société civile avec l'État dans la formulation et l'exécution des politiques est fondamentale pour garantir que les besoins et les problèmes de la population soient pris en compte de manière substantielle. La promotion des droits de l'homme, de la démocratie, de la gouvernance éthique et de la protection de l'environnement par la société civile a été le facteur qui a le plus contribué à améliorer la situation politique du pays. L'engagement à mettre en place des structures de gouvernance résilientes est fondamental alors que la Tunisie tente de résoudre les complexités de sa transition politique. Cela implique d'approfondir les acquis de la démocratisation, de renforcer la loi et d'accroître la capacité institutionnelle à faire face aux chocs externes.

Pour relever les défis et saisir les opportunités d'une gouvernance stable et efficace, il est également nécessaire de planifier en permanence et de répondre aux besoins des éléments sociaux marginalisés, comme c'est le cas en Tunisie.

Résilience économique dans un marché mondialisé

La Tunisie s'est engagée dans la nouvelle économie mondiale avec toutes ses opportunités et ses complexités. Se concentrant sur la résilience économique, la Tunisie diversifie ses industries et ses ressources afin de s'adapter, de survivre et de prospérer dans une économie mondiale extrêmement concurrentielle. La politique économique de la Tunisie vise à promouvoir l'innovation compétitive tout en renforçant le développement durable. La croissance dynamique de l'agriculture, du tourisme, des technologies de l'information et de la communication, ainsi que des industries manufacturières, a permis au pays de développer son économie et d'attirer les investissements directs étrangers. La Tunisie vise à déployer l'initiative « Économie et société numériques 2020 » et d'autres instruments technologiques afin d'améliorer la productivité. La Tunisie a amélioré ses infrastructures et ses régimes financiers, réglementaires et commerciaux afin de faciliter les flux commerciaux et les échanges. L'engagement de la Tunisie en faveur d'une économie diversifiée se traduit par la diversification des échanges commerciaux, la création de nouveaux partenariats commerciaux et la promotion des exportations de matières premières volatiles, autant d'éléments qui garantissent la stabilité et réduisent les risques. L'implication dans le développement du capital humain et la prudence des dépenses publiques en disent long sur les intentions de la Tunisie de préparer ses citoyens à faire face aux réalités de l'économie mondiale. L'éducation et le développement des compétences ont une incidence positive sur la santé de l'économie, car un développement économique durable ne peut venir que d'une république dont les citoyens sont réceptifs au changement.

De plus, grâce à la promotion de l'esprit d'entreprise et des initiatives en matière d'innovation, il existe un écosystème dynamique de start-ups, une imagination accrue et une nouvelle dynamique économique axée sur la croissance. La Tunisie reconnaît également la nécessité du développement social et de la protection de l'environnement. Le pays entend atténuer les effets négatifs du développement économique grâce à ses plans stratégiques de gestion durable de l'environnement et à la promotion des énergies renouvelables et de la croissance durable à l'aide de mesures de protection. La Tunisie élabore actuellement un plan détaillé visant à renforcer son économie, afin de lui permettre de relever les défis du marché mondial et de saisir de nouvelles opportunités de croissance, garantissant ainsi son succès et sa stabilité à long terme.

Dynamiques sociétales et tendances d'urbanisation

Alors que la Tunisie a dû composer avec les apparences de la modernité, il est important de comprendre le phénomène de l'urbanisation. Le pays a connu une croissance démographique continue dans les zones urbaines, et la densité de population dans les villes n'a cessé d'augmenter. L'urbanisation a des répercussions profondes, telles que des changements dans les structures sociales comme la famille et la culture, ainsi que des changements dans les attitudes civiques. La migration des populations des zones rurales vers les centres urbains a entraîné une surpopulation dans les villes, caractérisée par des habitations mal construites, des logements inadéquats, des infrastructures insuffisantes et une mauvaise gestion des ressources, autant de problèmes courants dans les pays en développement.

Ce développement des villes a contraint les populations à analyser des questions complexes telles que la fourniture de services de base, le manque d'emplois suffisants et le système majeur d'inégalités à travers le prisme du développement socio-économique d'une région.

Progrès technologiques et intégration numérique

La technologie et le rôle d'Internet ont joué un rôle fondamental dans la transformation de la Tunisie moderne. Au cours des dernières années, la Tunisie a démontré une capacité toujours croissante à utiliser la technologie pour innover, favoriser la connectivité et stimuler la croissance économique. La Tunisie a déployé de manière agressive la technologie numérique, que ce soit par le développement d'une infrastructure numérisée à l'échelle nationale ou par le commerce électronique et d'autres plateformes mondiales de commerce sur Internet. Le système éducatif a également connu des succès et des progrès à l'ère numérique, notamment grâce à l'utilisation d'outils d'intelligence artificielle tels que ChatGPT. Les enseignants et les élèves ont su adopter cette technologie de manière enthousiaste et créer des environnements éducatifs numériques stimulants et productifs, dont les deux groupes peuvent tirer le meilleur parti. De plus, la concurrence mondiale a contraint la Tunisie à former et à déployer une main-d'œuvre numérique en pleine expansion pour soutenir cette évolution. Cette tendance est également évidente dans le développement de parcs technologiques, d'incubateurs et d'écosystèmes de start-ups dynamiques, que le gouvernement a mis en place pour favoriser l'entrepreneuriat technologique et l'innovation.

De la fintech à l'agritech, en passant par la santé et les

énergies renouvelables, l'esprit d'entreprise a permis de mettre au point des solutions innovantes pour relever les défis dans tous les secteurs. L'écosystème entrepreneurial tunisien a su exploiter de manière créative les nouvelles technologies pour accentuer les vagues disruptives et constructives de l'innovation et du développement durable. Parallèlement à ces transformations, la numérisation des services et des processus administratifs par le gouvernement a permis de réduire les formalités administratives, d'améliorer la transparence administrative et de renforcer la confiance du public. La gouvernance électronique et les outils numériques d'engagement citoyen permettent au gouvernement de partager le pouvoir afin de renforcer la participation et la responsabilité dans une démocratie et de réduire les obstacles à l'engagement public. La fusion de la technologie et de la gouvernance a permis une prestation plus rationnelle des services publics et une amélioration des décisions politiques. La technologie et la numérisation en Tunisie sont très prometteuses pour l'avenir. La nouvelle Tunisie, dotée d'innovation, de compétences numériques et de technologie, peut adopter les outils et les techniques appropriés pour renforcer son engagement auprès des moteurs de la mondialisation et entretenir ses traditions culturelles distinctives très appréciées, tout en enrichissant la mosaïque mondiale de la technologie.

Défis environnementaux et solutions durables

Le contexte environnemental de la Tunisie engendre de nombreux problèmes liés aux effets du changement climatique, notamment les contours du changement climatique, la pénurie d'eau et la perte de biodiversité, auxquels la Tunisie est désormais confrontée. La Tunisie est indéniablement exposée aux problèmes mentionnés ci-dessus, car l'altitude et les températures, les changements dans les précipitations et l'intensité des phénomènes climatiques extrêmes ont tendance à s'accentuer. La Tunisie est confrontée à des défis importants en raison de son climat désertique, qui a toujours menacé les terres cultivables et tend à aggraver la pénurie alimentaire. Un climat désertique réduit la productivité agricole et peut entraîner le déplacement des populations rurales, ce qui alourdit leur charge économique. La pénurie d'eau est un autre problème auquel la Tunisie est confrontée en raison de l'exploitation non réglementée des eaux souterraines. La croissance constante de la population contribue également à ce problème. La perte de la biodiversité mondiale, et en particulier en Tunisie, est une conséquence de la combustion non réglementée des terres, des activités foncières incontrôlées et du développement des villes. Si nous souhaitons préserver les différents écosystèmes, des mesures doivent être prises. Un nombre suffisant de réglementations et de mesures équilibrées sont nécessaires pour conserver la faune locale et mettre en œuvre des méthodes renforcées qui empêchent l'accès aux zones urbanisées négligées. Nous pouvons conclure que la Tunisie doit aborder les problèmes du pays sous plusieurs angles et se concentrer sur l'intégrité environnementale.

La promotion de pratiques agricoles adaptatives utilisant le reboisement, ainsi que le développement de technologies pour une utilisation durable de l'eau, contribuent directement à la conservation des sols et à la lutte contre la désertification. Sur le plan stratégique, l'adoption de réglementations plus strictes en matière d'utilisation de l'eau, combinée à des technologies d'économie d'eau, à l'amélioration des installations de stockage de l'eau et aux technologies de dessalement, peut ralentir le rythme de la pénurie d'eau et du stress hydrique dans les centres urbains densément peuplés et les zones rurales. La sensibilisation, l'éducation et la participation active du public sont essentielles à la culture du développement durable et à la promotion générale de la protection de l'environnement. Les premières étapes du développement durable en Tunisie comprennent le renforcement de la gouvernance et de la liberté environnementales, ainsi que la promulgation et l'application effective de lois sur le développement durable, de lois sur la protection de l'environnement et d'initiatives écologiques favorables au développement durable. À cet égard, les conséquences les plus importantes de la proposition environnementale de la Tunisie sont les politiques les plus durables. Des pratiques efficaces pour stabiliser les problèmes de pénurie d'eau du pays, en plus du dessalement, renforceront le leadership géopolitique mondial du pays. Les résultats obtenus en matière de leadership fiable et de changement transformateur permettront à la Tunisie de mener le débat mondial sur l'équilibre entre la biodiversité et la croissance socio-économique, avec un leadership durable et des écosystèmes mondiaux.

Cette orientation garantira que les questions de transformation liées à la pénurie d'eau dans le pays soient intégrées verticalement afin de soutenir l'écosystème. Elle permettra de dépasser le cadre de l'efficacité et de la protection de l'eau pour exploiter les vastes opportunités spatiales du pays et son puits naturel pour une agriculture durable. Nous énumérerons les initiatives visant à développer l'économie de la connaissance, les changements systématiques, les obstacles et la position géopolitique mondiale dans le contexte du rôle stratégique de la Tunisie. Un leadership durable, une confiance transformatrice et une approche positive de l'eau favoriseront les intégrations géopolitiques. La Tunisie jouera un rôle de premier plan à l'intersection des écosystèmes et de la gestion des sols. Une formation pratique de la main-d'œuvre est nécessaire pour répondre aux exigences du marché mondial. Les infrastructures éducatives sont également importantes car elles favorisent l'amélioration et la pensée innovante. Cette formation est particulièrement importante pour le maintien du pays sur le marché mondial.

Réforme de l'éducation et économie de la connaissance

Il existe une contradiction entre les réalisations et les difficultés du système éducatif tunisien. Bien que la majorité de la population ait désormais accès à l'enseignement primaire et secondaire, la capacité du système à offrir un programme complet et pertinent doit encore être améliorée. Les navetteurs scolaires sont considérés comme essentiels dans le contexte de la croissance des industries et des changements technologiques. Les diplômés du monde contemporain doivent posséder des compétences adaptées à la réalité actuelle.

Les diplômés doivent être aussi compétitifs que l'exige le marché du travail. Il existe des déséquilibres dans les possibilités d'éducation entre les zones urbaines et rurales du pays. Ce sont là quelques-uns des obstacles à l'accès aux ressources éducatives dans le pays. Outre les progrès réalisés en matière d'infrastructures, les politiques de fidélisation des enseignants sont essentielles. Ce processus nécessite des investissements importants dans les personnes travaillant dans les zones défavorisées. L'investissement dans l'éducation permettra de réduire les déficits d'innovation et de créativité parmi les citoyens.

Il existe déjà un cadre pour investir dans la jeunesse dans le but de faire évoluer le pays vers une économie de la connaissance. Cette transition implique un changement dans l'économie du pays, qui passerait des industries primaires traditionnelles à une économie axée sur la connaissance. Si le pays ne prend pas ces mesures, il risque de prendre du retard face aux changements mondiaux.

Des approches innovantes conjointes en matière d'élaboration des programmes d'études dans les établissements d'enseignement et les industries, en coopération avec les agences gouvernementales, pourraient offrir des formations dans de nouveaux domaines, tels que les énergies renouvelables, le numérique et les technologies durables. Les systèmes éducatifs de « classe mondiale » sont susceptibles d'améliorer les capacités du personnel à maîtriser des problèmes complexes dans un monde en constante évolution. La Tunisie est déjà un centre important pour le savoir et l'industrie. Des approches plus réactives et proactives renforceront ses capacités intellectuelles et innovantes dans le domaine industriel.

L'évolution constante de l'éducation et de l'économie du savoir en Tunisie montre clairement que l'investissement dans les ressources humaines est un outil de développement aussi important qu'un pilier de la protection sociale à valeur ajoutée. En favorisant un système éducatif axé sur la recherche, la Tunisie exploitera le pouvoir de l'éducation pour la productivité privée et la productivité du capital afin de se transformer en un acteur international de premier plan.

Préoccupations en matière de sécurité et relations internationales

Les questions de sécurité actuelles ainsi que les relations internationales restent déterminantes pour le développement de la Tunisie. La nouvelle ère de la démocratie tunisienne, depuis la révolution arabe, s'accompagne d'une série de nouveaux défis, notamment en matière de sécurité, qui trouvent leur origine tant à l'intérieur qu'à l'extérieur du pays. Le domaine frontalier a identifié les questions liées au terrorisme, les systèmes criminels complexes et le contrôle des frontières comme ses principaux défis en matière de développement.

D'un point de vue extérieur, la Tunisie se caractérise par un paysage géopolitique imprévisible et instable, aggravé par des conflits intra-étatiques, des schémas migratoires changeants et l'interaction en constante évolution des puissances mondiales. Les structures et les systèmes de sécurité nationale de la Tunisie ont été profondément modifiés depuis l'apparition des défis susmentionnés. Ces changements sont le résultat de tentatives visant à remodeler l'environnement sécuritaire par une transformation radicale des appareils de sécurité, le renforcement de la sécurité aux frontières et des stratégies de lutte contre la radicalisation. Les efforts de collaboration de la Tunisie avec les pays limitrophes, les partenaires mondiaux et les associations conglomérats pour s'attaquer aux problèmes de sécurité mutuels soulignent la nature coopérative des défis à relever. La participation de la Tunisie au Forum mondial contre le terrorisme et sa coopération dans le cadre d'initiatives avec l'UE ont constitué des tentatives proactives visant à renforcer sa posture en matière de sécurité et de défense, tout en intégrant ses efforts nationaux dans le cadre régional et mondial de la sécurité. En outre, la Tunisie a adopté une fusion de politiques étrangères distinctes et divergentes avec une vision plus large du rôle international de la Tunisie. La position de la Tunisie entre les mondes arabe et européen lui a permis de développer une politique étrangère plus réaliste, tirant parti de sa situation géographique pour ses activités économiques et diplomatiques. Elle mène également une politique étrangère active avec des institutions régionales telles que la Ligue arabe et l'Union africaine, et participe activement aux efforts de sécurité et de résolution des conflits dans la région. De plus, ce pays entretient également des relations amicales avec les grandes puissances mondiales et participe activement au système multilatéral en ce qui concerne les objectifs communs de paix, de sécurité et de développement durable du Sud.

La permanence et les intérêts nationaux de la Tunisie sont au cœur de ses négociations étrangères et resteront essentiels à l'avenir. La coopération commerciale et les initiatives de développement renforcent le régime tunisien dans sa lutte contre le terrorisme et d'autres menaces pour la gouvernance dans son portefeuille de politique étrangère. La croissance économique de la Tunisie contribue à renforcer la résilience du régime face au terrorisme et à la criminalité qui y est associée. L'évolution des relations étrangères façonnera la position internationale de la Tunisie à mesure que sa politique de sécurité évoluera. La stratégie de la Tunisie en matière de relations extérieures se concentrera sur la promotion d'accords internationaux bilatéraux et multilatéraux fondés sur le droit international, ainsi que sur la conclusion d'accords de paix et de sécurité visant à combler les lacunes mondiales dans ces domaines. La Tunisie continuera à poursuivre son programme de sécurité nationale et à favoriser les relations afin de former des coalitions pour les questions de sécurité mondiale dans la région. La Tunisie continuera à s'efforcer de contribuer à la diplomatie et à la paix dans la région.

Engagement civique et participation démocratique

La pratique de l'engagement civique et son aspect démocratique actif sont les éléments fondamentaux de toute société vigilante et dynamique. Alors que la Tunisie se prépare à relever les défis contemporains, ces aspects prennent une importance accrue. Il est essentiel que les citoyens participent activement et s'engagent dans les discussions pour le développement et l'inclusivité souhaités de la nation. La participation démocratique ne se limite pas au droit de vote ; elle englobe plutôt la participation et l'engagement des individus et des groupes dans la société civile, la défense des droits et le discours public. Au niveau primaire, la responsabilité civique implique un engagement en faveur de l'intégration et de la cohésion sociales. Il incombe aux citoyens de résoudre collectivement les problèmes et de contribuer au développement du pays. En outre, le renforcement de l'autonomie de la société, nourri par la responsabilité et la transparence indispensables dans l'organisation administrative, encourage les citoyens à participer et à s'engager activement dans l'élaboration des politiques ainsi que dans les normes de comportement des institutions et des organismes publics. C'est une raison supplémentaire pour laquelle il est important de mettre en place une structure globale de promotion de la conscience civique en Tunisie. Les différents segments de la société tunisienne encouragent l'apprentissage civique et le débat public comme moyens efficaces de promouvoir la participation politique et l'engagement civique.

Cette approche soutient les principes démocratiques tout en favorisant une meilleure sensibilisation aux droits, aux responsabilités et aux mécanismes de gouvernance participative. En outre, les outils numériques destinés à l'engagement civique peuvent contribuer à renforcer et à élargir la participation à un plus grand nombre de personnes. Investir dans la technologie pour améliorer l'accès à l'information, la gouvernance électronique et l'interaction civique peut contribuer à surmonter les obstacles à la participation liés à la distance et à renforcer la portée et la profondeur de la représentation dans la gouvernance. Soutenir les groupes marginalisés et les jeunes leaders en tant qu'éléments clés de l'engagement civique permet d'approfondir le processus d'élargissement de la participation. Alors que la Tunisie est confrontée aux constructions sociopolitiques du présent, les initiatives visant à approfondir la portée de la participation à la démocratie revêtent une importance capitale. La promotion de la démocratie participative implique la participation active des jeunes, des femmes, des minorités ethniques et des personnes marginalisées au processus démocratique par le biais de la co-création de politiques. Les efforts de la Tunisie pour parvenir à la stabilité et à la croissance doivent être ancrés dans le respect des libertés fondamentales, la protection des droits de l'homme et la promotion du pluralisme. La Tunisie doit exploiter la capacité de son peuple à définir son avenir et son exceptionnalisme.

À mesure que le pays progresse, son engagement durable en faveur de l'engagement civique et de la participation démocratique témoigne de la volonté et de la force de la civilisation.

Conclusion : perspectives de stabilité et de croissance

La stabilité et la croissance de la Tunisie dans le nouveau contexte de l'engagement sociopolitique constituent un défi en soi. Si l'on examine le cas de la Tunisie, l'engagement total des citoyens est primordial dans les processus décisionnels démocratiques. Cela s'explique principalement par le fait que, s'il y a stabilité politique, un cadre participatif solide peut donner pleinement pouvoir aux citoyens. Cela renforce à son tour la stabilité et la cohésion sociales. En outre, la participation active aux processus décisionnels, même au niveau local, favorise la croissance économique. Si elle est correctement exploitée, la démocratie en développement en Tunisie apportera croissance et stabilité grâce à l'implication active de ses citoyens. Cependant, la participation citoyenne à la démocratie tunisienne est avant tout une forme d'engagement politique. L'économie, en dehors de la politique et de la gouvernance, reste toutefois le facteur le plus déterminant pour la croissance et la stabilité.

La Tunisie, renforcée par l'accent mis sur le commerce mondial, l'investissement et l'innovation, peut atteindre la résilience économique. Grâce à des mesures proactives visant à accroître sa compétitivité extérieure, une économie diversifiée peut à la fois maintenir son dynamisme et résister aux chocs extérieurs. Cette économie diversifiée, qui repose sur des investissements proactifs dans la technologie et les infrastructures numériques, stimulera la productivité et l'esprit d'entreprise. Elle soutiendra ainsi la croissance économique. Le processus d'urbanisation, associé à certaines tendances sociales, laisse entrevoir plusieurs facteurs fondamentaux positifs pour la croissance économique. L'urbanisation et l'équilibre social ont le potentiel de soutenir et, par conséquent, de favoriser la prospérité des communautés dans le pays. Les technologies urbaines intelligentes, qui facilitent l'allocation optimale des ressources, peuvent renforcer la résilience de la société. Cela améliore à son tour l'efficacité des services publics. D'autre part, nous devons trouver un équilibre entre la croissance et les pressions environnementales sous-jacentes. En mettant l'accent sur la croissance de la Tunisie, le pays et l'économie mondiale dans son ensemble bénéficieront de certains investissements renouvelables à faible risque et donc économiquement durables. Ces mesures, combinées à d'autres initiatives écologiques, permettront de préserver le bien-être des générations actuelles et futures. L'éducation et le développement d'une économie du savoir constituent les fondements les plus importants d'une croissance positive et durable. Une population éduquée, dotée de compétences plus sophistiquées que celles requises par l'économie locale, favorisera la mise en place d'un système propice à l'innovation et à la croissance.

L'analyse des tendances mondiales et l'investissement dans une éducation et une recherche de qualité peuvent garantir la prospérité à long terme de la Tunisie. La Tunisie peut s'engager auprès des acteurs mondiaux et régionaux de manière à renforcer la coopération, développer la diplomatie et améliorer les partenariats stratégiques. La Tunisie vise à promouvoir une zone de paix qui maximise le développement durable et la croissance tout en encourageant des approches proactives en matière de sécurité nationale, notamment par le biais d'initiatives collaboratives. La Tunisie est confrontée à des problèmes complexes, mais elle poursuit de manière proactive la croissance et la stabilité. Ces problèmes peuvent être résolus grâce à une stratégie qui combine une ouverture internationale proactive et un cadre national consolidé fondé sur la démocratie, la puissance économique, l'équité sociale, le progrès technologique, la durabilité écologique, l'avancement de l'éducation et une politique étrangère mondialisée. Ces piliers garantissent la croissance et la stabilité à long terme de la Tunisie.

www.ingramcontent.com/pod-product-compliance
Lightning Source LLC
Chambersburg PA
CBHW020527080526
44583CB00013B/766